何虎生 著

红色初心丛书

井冈山精神

时代出版传媒股份有限公司
安徽教育出版社

图书在版编目(CIP)数据

井冈山精神 / 何虎生著. —合肥:安徽教育出版社,2019.1
(红色初心丛书)
ISBN 978-7-5336-8803-5

Ⅰ.①井… Ⅱ.①何… Ⅲ.①井冈山精神—研究 Ⅳ.①D648.4

中国版本图书馆CIP数据核字(2018)第285884号

井冈山精神
JINGGANGSHAN JINGSHEN

出 版 人:费世平
质量总监:姚 莉
策划编辑:王宗琦
责任编辑:王宗琦
装帧设计:张鑫坤
责任印制:李松伦

出版发行:时代出版传媒股份有限公司 安徽教育出版社
地 址:合肥市经开区繁华大道西路398号 邮编:230601
网 址:http://www.ahep.com.cn
营销电话:(0551)63683012,63683013
排 版:安徽时代华印出版服务有限责任公司
印 刷:合肥华星印务有限责任公司

开 本:650×960 1/16
印 张:10.5
字 数:150千字
版 次:2019年1月第1版 2021年4月第8次印刷
定 价:25.00元

(如发现印装质量问题,影响阅读,请与本社营销部联系调换)

总 序

2020年1月,习近平总书记在"不忘初心、牢记使命"主题教育总结大会上指出:"要把学习贯彻党的创新理论作为思想武装的重中之重,同学习马克思主义基本原理贯通起来,同学习党史、新中国史、改革开放史、社会主义发展史结合起来。"

2020年6月,习近平总书记在给复旦大学青年师生党员回信中强调,希望广大党员特别是青年党员认真学习马克思主义理论,结合学习党史、新中国史、改革开放史、社会主义发展史,在学思践悟中坚定理想信念,在奋发有为中践行初心使命,努力为实现"两个一百年"奋斗目标、实现中华民族伟大复兴的中国梦贡献智慧和力量。

心有所信,方能行远。要学好"四史",首先就要学好中国共产党历史、就要牢牢把握中国共产党在艰苦卓绝的斗争中形成的革命精神。正是红船精神、井冈山精神、长征精神、延安精神、西柏坡精神等革命精神共同构成了不断推进中国特色社会主义伟大事业和党的建设新的伟大工程的精神动力,具有鲜明的时代价值和实践取向。

——红船精神是"中国革命精神之源"。首创精神、奋斗精神、奉献精神组成了红船精神的基本内涵,构成了中国革命伟大事业的基础、路径与支撑。

——井冈山精神是中国共产党人在"井冈山时期留给我们最为宝贵的财富",其"坚定信念、艰苦奋斗,实事求是、敢闯新路,依靠群众、勇于胜利"的精神是永远激励我们前进的宝贵财富。

——"长征是一次理想信念的伟大远征",其"坚定信念、百折不挠,不畏险阻、勇于牺牲,独立自主、实事求是,顾全大局、严守纪律,联系群众、依靠群众"的精神是中国共产党人对中国革命精神和民族精神的继承和升华。

——延安精神体现的"坚定正确的政治方向,解放思想、实事求是的思想路线,全心全意为人民服务的根本宗旨,自力更生、艰苦奋斗的创业精神","始终是凝聚人心、战胜困难、开拓前进的强大精神力量"。

——西柏坡精神所包涵的"敢于斗争、敢于胜利的进取精神,依靠群众、坚持人民参政的民主精神,不骄不躁、艰苦奋斗的创业精神",是中国共产党革命精神的延续和发展。

中国共产党的革命精神是中国共产党人的思想武器与精神支撑。我们必须要继承和发扬中国共产党人的这些宝贵精神财富,进一步推进马克思主义中国化的历史进程、提高党的执政能力,为把我国建设成为富强民主文明和谐美丽的社会主义现代化强国、为实现中华民族伟大复兴的中国梦作出新的贡献!

目录
contents

★ 前言 / 001

★ 第一章 坚定信念、艰苦奋斗 / 001

　第一节 革命受挫，红旗不倒 / 003

　第二节 星星之火，可以燎原 / 019

　第三节 自力更生，共渡难关 / 035

★ 第二章 实事求是、勇闯新路 / 051

　第一节 建立井冈山革命根据地 / 053

　第二节 中国革命的新道路——井冈山道路 / 068

　第三节 马克思主义中国化的开篇 / 084

★ 第三章　依靠群众、勇于胜利 / 099

　　第一节　真心实意为群众谋利益 / 101

　　第二节　党政军民鱼水情深 / 117

　　第三节　众志成城反"会剿" / 132

★ 结语 / 150

★ 参考文献 / 152

★ 后记 / 156

前 言

井冈山,地处湘赣边界罗霄山脉中段,位于湖南酃县(今炎陵县)和江西宁冈、遂川、永新四县之交,总面积约4000平方千米。井冈山是一座革命的山、战斗的山、英雄的山。在中国革命的史册上,井冈山素以"中国革命的摇篮"著称,是中国革命的发源地。1962年3月,时任全国人大常委会委员长的朱德,时隔35年后重上井冈山,称之为"天下第一山"。曾任全国人大常委会委员长的彭真也亲切地称井冈山为"中华人民共和国的奠基石"。

1927年秋收起义后,毛泽东等领导湘赣边界军民在罗霄山脉中段井冈山地区,开创了中国第一块农村革命根据地——井冈山革命根据地。井冈山革命根据地红色区域主体横跨"六县一山",即江西的宁冈、永新、莲花、遂川,湖南的酃县、茶陵,以及井冈山。井冈山革命根据地鼎盛时期面积达7200多平方千米,人口50余万,革命力量曾扩展到吉安、安福各一小部,万安、泰和、桂东、资兴等县边地皆属根据地的外围屏障。

在井冈山革命根据地,中国共产党人同各种反动势力进行了英勇顽强的斗争。井冈山的斗争,代表了中国革命新的前进方向。井冈山时期艰苦卓绝的斗争,孕育和形成了伟大的井冈山精神,井冈山精神是马克思列宁主义与博大精深的中华民族精神,以及中国共产党人在井冈山的艰苦斗争相结合的产物。井冈山精神是无数革命前辈和先烈在井冈山血与火的拼搏中用生命和鲜血凝聚而成的一种无产阶级革命精神,是毛泽东等老一辈革命家倡导和培育起来的中国共产党的宝贵精神财富。

井冈山精神的内容丰富,内涵深刻,中国共产党人对井冈山精神十分关注和重视,并对井冈山精神的概念和内涵做了精辟的概括和详细的论述。

1993年4月,胡锦涛在井冈山视察时指出,井冈山精神有丰富的内涵。在新的历史条件下,发扬井冈山精神尤其要弘扬以下三个方面:第一,实事求是、敢闯新路的精神;第二,矢志不移、百折不挠的精神;第三,艰苦奋斗、勇于奉献的精神。

2001年8月,江泽民在江西考察工作时,对井冈山精神的内涵做了概括,指出井冈山精神最主要的方面就是坚定信念、艰苦奋斗、实事求是、敢闯新路、依靠群众、勇于胜利。

2016年2月,习近平来到井冈山,着重强调井冈山是中国革命的摇篮,我们要结合新的时代条件,让井冈山精神放射出新的时代光芒,每一名党员、干部,特别是各级领导干部,都要把理想信念作为照亮前路的灯,把准航向的舵;都要一切从实际出发,善于用改革的思路和办法解决前进中的各种问题;都要保持艰苦奋斗本色,不丢勤俭节约的传统美德,不丢廉洁奉公的高尚操守,逢事想在前面、干在实处,关键时刻坚决顶起自己该顶的那片天。

井冈山精神,有着丰富的内涵,可以分为三个方面:坚定信念、艰苦奋斗,实事求是、敢闯新路,依靠群众、勇于胜利。三任总书记对井冈山精神的高度重视充分反映了井冈山精神具有巨大的价值和重要的意义。

形成于革命战争时期的井冈山精神,其作用绝不仅仅体现在革命年代,在社会主义现代化建设时期它同样能够发挥巨大的作用。在井冈山斗争时期,党和人民军队正是依靠着这种精神的力量度过了那段极其艰苦的岁月。在社会主义建设时期,井冈山精神仍然不断激励着全国人民团结一致,在党的带领下勇攀高峰。因此,在一定意义上可以说,没有井冈山精神就没有中国革命的胜利,就没有新中国的诞生,就没有中国特色社会主义的伟大事业。

第一章

坚定信念、艰苦奋斗

坚定信念、艰苦奋斗是井冈山精神的首要方面，是井冈山精神的灵魂和本质。

理想信念，是一个人的精神支柱，也是一个政党、一个民族的精神支柱。一个人倘若没有理想信念，只能说是一副没有灵魂的躯壳；一个政党、一个民族倘若没有理想信念，就会失去奋斗的目标和前进的动力。习近平曾将理想信念比喻为共产党人精神上的"钙"。他强调，理想信念坚定，骨头就硬，没有理想信念，或理想信念不坚定，精神上就会"缺钙"，就会得"软骨病"，"就可能导致政治上变质、经济上贪婪、道德上堕落、生活上腐化"。

中国共产党在成立之初就把实现解放全人类的共产主义作为自己的最高理想，并为实现这一崇高的理想进行了不懈的努力。

第一次国共合作实现后，大革命运动迅速推向全国。由于国民党内蒋介石、汪精卫的叛变，大革命运动以失败告终。继南昌起义打响武装反抗国民党反动派的第一枪后，毛泽东在湘赣边界领导了秋收起义。秋收起义受挫后，毛泽东审时度势，率部来到井冈山，建立了中国革命史上第一个农村革命根据地。

在根据地极其艰苦的斗争环境中，中国共产党人以苦为乐，坚持着自己的革命理想信念，保持着革命乐观主义精神。毛泽东依据当时革命的实际情况提出了"星星之火，可以燎原"的科学预言，坚信中国的红色政权一定能够长期存在并且能够不断得到发展，坚信中国共产党最终一定能够取得中国革命的胜利。在这种革命必胜信念的支撑下，根据地军民大力发展生产、积极战斗，打破了敌人对根据地的封锁，度过了困难时期。

第一节　革命受挫,红旗不倒

1840年以来,面对清政府的腐败无能和西方列强的入侵,中国的仁人志士对自己国家的前途和命运进行了不懈的探索。太平天国运动撼动了清王朝的统治根基,辛亥革命不仅直接推翻了清王朝的封建统治,而且在中国竖起了民主共和国的旗帜,但阶级的局限性使得这些探索并没有从根本上改变中国当时的面貌。经过新文化运动和五四运动,大批进步知识分子涌现出来,马克思主义在中国得到进一步的传播,工人阶级队伍不断扩大,工人运动深入发展,为中国共产党的成立创造了必要条件。中国共产党的成立使中国革命有了坚强的领导力量,使中国革命有了科学的指导思想,使中国革命有了新的方法。

中国共产党领导的反帝反封建的革命斗争并不是一帆风顺的,而是崎岖坎坷的。毛泽东和朱德在秋收起义和南昌起义后,对各自的部队进行整编,保存精炼了队伍力量。毛泽东和朱德以坚定的革命信念影响着每一个党员和士兵,抵制了悲观情绪,并且率领部队继续同反动势力进行斗争,使革命得以延续和发展。

★ 蒋介石、汪精卫相继发动反革命政变后,第一次国共合作破裂。南昌起义打响了中国共产党武装反抗国民党反动派的第一枪。中国共产党由于力量弱小并且缺乏经验,随后发动的数次起义大都失败受挫。

中国共产党成立之初,就坚决地把封建军阀势力和帝国主义势力当成自己革命斗争的对象。1922年7月,中国共产党在上海举行第二次全国代表大会。大会通过了《中国共产党第二次全国代表大会宣言》,明确提出了反帝反封建的民主革命纲领。大会还通过了《关于"民主的联合战线"的决议案》,号召全国的工人、农民团结在共产党的旗帜下进行斗争;联合全国一切革命党派和资产阶级民主派,组成民主的联合战线;邀请国民党等革命团体举行联席会议,共商具体办法。中共二大改变了一大所做的不同其他党派建立联系的决定,为大革命的到来奠定了理论和策略基础。

1923年6月,中国共产党在广州举行了第三次全国代表大会,经过两天的激烈讨论,大会接受共产国际关于同国民党合作的指示,通过了《关于国民运动及国民党问题的决议案》《中国共产党第三次全国代表大会宣言》等文件。而在此时,孙中山领导的一系列革命运动在帝国主义势力和本国封建势力的联合镇压下屡次失败。在得到苏联政府和中国共产党的帮助后,孙中山重新树立起革命信心,积极推动国民党改组,促成国共合作。

1924年1月20日至30日,中国国民党第一次全国代表大会在广州召开。大会审议并通过了《中国国民党第一次全国代表大会宣言》草案,草案对三民主义作了重新阐释,使之更加适应时代潮流。会议通过的《中国国民党章程》确认了共产党员以个人身份加入国民党的原则。国民党一大确立了联俄、联共、扶助农工的三大政策,标志着国民党改组的完成和国共第一次合作的正式形成。

国共合作建立后,国民党的革命影响迅速扩大。在国民党的影响下,革命力量以广州为中心从全国四面八方汇集起来,形成了反对帝国主义和封建军阀的革命新局面。1926年7月9日,国民革命军在广州誓师,北伐战争在"打倒列强,除军阀"的雄壮口号中正式开始。在此后不到10个月的时间里,北伐军节节胜利,快速向前推进,轰轰烈烈的大革命迅速席卷全国。

北伐战争的胜利,进一步促进了全国工农运动的高涨。到1927年春,全国工会会员由北伐前的120万人增加到200万人。1927年1月,以工人为主的革命群众,在国民政府的直接参与下,收回了汉口、九江的英租界。1926年秋至1927年春,中共中央和上海区委发动和组织上海工人,连续举行了三次武装起义,使北伐军顺利占领上海。农民运动的发展同样迅猛。到1927年上半年,农民协会组织已遍及广东、湖南、湖北、江西、河南等省,全国有组织的农民迅速增加到915万人。1927年3月,广东、湖南、江西、湖北等省农民协会代表和河南农民自卫军代表在武汉举行联席会议,成立了中华全国农民协会临时执行委员会,对全国农运进一步的发展做出了规划。

毛泽东在这时撰写的《湖南农民运动考察报告》中指出:"很短的时间内,将有几万万农民从中国中部、南部和北部各省起来,其势如暴风骤雨,迅猛异常,无论什么大的力量都将压抑不住。他们将冲决一切束缚他们的罗网,朝着解放的路上迅跑。一切帝国主义、军阀、贪官污吏、土豪劣绅,都将被他们葬入坟墓。"①

工农运动的迅猛发展和北伐战争的节节胜利,引起了帝国主义列强的极度恐慌,于是他们使用各种手段来阻挠和破坏大革命。五卅惨案、沙基惨案、万县惨案、南京惨案等一系列事件就是反动势力干涉革命的恶行。在外部反动势力干涉大革命的同时,大革命还受到国民党新老右派分子分裂的威胁。

第一次国共合作正式形成后不久,国民党内右派分子邓泽如、张继、谢持等人就公开反对反帝反军阀的政治纲领,污蔑共产党人加入国民党的目的是消灭国民党。在共产党人和国民党左派的坚决反击下,国民党右派的企图未能得逞。1925年3月,孙中山因病逝世后,国民党右派活动更加猖獗,目标直指革命的领导权。1925年六七月间,国民党元老戴季陶发表《孙文主义之哲学基础》《国民革命与中国国民党》等小册子鼓吹国共对立,为国民党右派夺取领导权做舆论准备。谢持、邹鲁等人在上海另立国民党中央,公然反共。这些事件严重破坏了国共之间的合作关系。就在这时,以蒋介石为代表的新右派势力逐步崛起并走向反动,使得革命形势进一步恶化。

蒋介石骗取了孙中山对他的信任,运用各种手段攫取了大量政治和军事上的权力。他把北伐的大规模军事行动看成扩大自己势力、建立个人独裁统治的极好机会,同时也把在大革命中蓬勃兴起的以共产党为代表的革命力量看作实现其野心的最大障碍。蒋介石出于实现个人野心

---

① 《毛泽东选集》(第一卷),北京:人民出版社,1991年版,第13页。

的考虑,不得不在大革命初期摆出维护国共合作的姿态。1926年初,他当上了国民党中央执行委员会常委和国民革命军总监后,便立即于3月间制造了中山舰事件。5月15日,他又在国民党二届二中全会上提出所谓《整理党务案》,对共产党人在国民党内的地位作了全面限制和贬低。通过这些活动,蒋介石的权力迅速膨胀,掌握了国民党、国民政府和国民革命军的领导权。

面对着北伐的大好形势,蒋介石的反革命嘴脸越来越清晰。他与日、美帝国主义达成了"谅解",与张作霖奉系军阀达成了"妥协";他公开发表反革命演说,指使部下制造一系列压制工农群众和杀害共产党人的事端。蒋介石的这些举动充分表明国民党右派已经成为代表大地主、大资产阶级利益的反动派。面对蒋介石破坏革命的举动,以陈独秀为首的党中央却采取了妥协退让的做法,这种错误做法纵容了右派势力,使反动派更加猖狂。

1927年4月12日凌晨,蒋介石雇佣的大批青帮、红帮流氓冒充工人,从租界冲出,袭击驻守在上海总工会等处的工人纠察队。工人纠察队奋起抵抗。当双方激战时,蒋介石的大批军队冲了出来,声称调解"工人内讧",收缴了工人纠察队的武器,逮捕了部分纠察队员。4月13日上午,大批群众集会并游行示威,当游行队伍走到宝山路时,埋伏在此的蒋介石军队突然奔出,用机枪向人群扫射,打死100多人。到4月15日,上海工人被杀害者300多,被捕者500多,失踪者5000多。这就是震惊中外的"四一二"反革命政变,是大革命从高潮走向失败的转折点。

"四一二"反革命政变发生后,以汪精卫为首的武汉国民党中央和国民政府也改变了之前的政策,走向了反动。1927年7月15日,在汪精卫"宁可枉杀千人,不可使一人漏网"的口号下,武汉的国民党决定"清党",一方面解聘共产国际中国代表鲍罗廷的顾问职务,另一方面通知各政府部门和军队驱逐共产党人,大肆屠杀共产党人和革命群众。"七一五"反革命政变标志着国民大革命的彻底失败。

大革命失败后,面对国民党反动派的大肆屠杀,中国共产党为了挽救革命,于8月1日在南昌举行了武装起义。在以周恩来为首的前委领导下,贺龙、叶挺、朱德、刘伯承等率领起义部队,经过4个多小时的激烈战斗,歼敌3000余人,占领南昌城。起义胜利后,中国国民党委员会以宋庆龄的名义发表了《中央委员宣言》,揭露了蒋介石、汪精卫背叛革命的种种罪行,号召全国人民继承孙中山的遗志,齐心协力完成国民革命。

南昌起义后,中共于8月7日在湖北汉口召开中央紧急会议,即著名的"八七会议"。会议总结了大革命失败的教训,讨论了党的工作任务,确立了实行土地革命和武装起义的方针。毛泽东在会上提出"以后要非常注意军事,须知政权是由枪杆子中取得的"的论断。在革命的危急关头,"八七会议"坚决纠正和结束了陈独秀的错误,确定了土地革命和武装反抗国民党反动派的总方针,号召党和人民群众继续革命。"八七会议"为挽救党和革命做出了巨大贡献。

"八七会议"后,全国各地按照会议指示纷纷举行以土地革命为目标的武装暴动。8月9日,中央决定委任毛泽东为特派员,与彭公达一起去湖南,改组省委,领导秋收起义。起义前,成立了以毛泽东为书记的前敌委员会和以易礼容为书记的行动委员会,作为起义的领导机构。9月9日,湘赣边爆发了秋收起义。由于敌强我弱以及临时收编的邱国轩团叛变、第二团领导人指挥失当等原因,工农革命军三路人马在起义战斗中屡屡失利。面对危急形势,毛泽东决定改变原定计划,命令部队向文家市会合。当部队到达文家市后,毛泽东主持召开前委会议,决定经萍乡退向湘南以保存实力。

粤桂战争爆发后,广州市兵力空虚,广东省委成立了起义的领导机关——革命军事委员会。1927年,继南昌起义、秋收起义后,中国共产党又发动和领导了广州起义。12月11日凌晨,张太雷、叶挺、周文雍、叶剑英等人领导了起义。拂晓时分,起义军取得了初步的胜利,占领了绝大部分市区,成立了广州苏维埃政府。由于共产国际代表否定了叶挺提出的立即撤出的建议,结果使得起义部队不得不与敌军兵力展开激战。因为寡不敌众,起义在第三天失败。

"八七会议"后,除秋收起义、广州起义外,湖北、广东、江西以及陕西、河南、直隶等省的党组织也发动了多次武装起义。到1928年年初,中国共产党先后发动了近百次武装起义。这些武装起义给了反动派一定程度的打击,但并没有改变整个革命形势仍处于低潮的事实。遗憾的是中共中央没有清楚地认识到这一点。1927年11月临时政治局扩大会议在上海召开,会议发展了"八七会议"以来的"左"倾思想,提出了一套"左"倾的理论和政策,使"左"倾盲动错误第一次在中共中央取得了统治地位。会后,这些"左"倾的理论和政策被贯彻到实际工作中,结果使得全国各地的革命暴动大都遭到惨痛失败。

从1921年到1927年,中国共产党经受了大革命失败、秋收起义失败、广州起义失败的挫折,以及党内的"左"倾和右倾错误思想的困扰。此时的中国共产党还处在幼年时期,还不具备运用马克思主义妥善解决中国革命一系列理论和实践问题的能力。对中国革命究竟应采取何种方式开展武装斗争,在武装起义之后怎样进一步发展革命等问题的认识上,仍然处于迷惘状态。而此时的毛泽东则根据中国革命斗争的实际,总结起义失败的经验教训,将革命斗争转向了农村,找到了一条中国自己的革命道路。

★ 南昌起义和秋收起义后,毛泽东和朱德在革命处于危难之际,分别对自己所率领的部队从思想上、组织上进行了整编、整训,大大提高了革命队伍的战斗能力,坚定了部队革命到底的信念。

秋收起义失利后,根据文家市会议的决定,毛泽东率秋收起义余部进入江西永新县的一个偏僻的小山村——三湾村。当部队到达三湾村时,人数由起初的5000人锐减为1000人左右。剩余的部队官多兵少,存在着比较严重的军阀作风,思想混乱,组织纪律性差。面对这种情况,毛泽东决定对部队进行整编,这就是著名的"三湾改编"。改编时他宣布了一条原则:愿意留下的就留下;不愿意留下的可以离去,并且发给路费。

三湾改编的主要内容有三个方面。一是对部队进行整编,将原来的一个师缩编为一个团,称为工农革命军第一师第一团,下辖两个营,以及特务连、军官队、卫生队和辎重队。毛泽东任前委书记,陈皓任团长,何挺颖任党代表。缩编后的队伍比以前更加精干了,部队的战斗力有了明显的提高。

二是在整编的基础上,建立了各级党组织,确立了"支部建在连上"的制度。毛泽东吸取了以前把党支部建立在团上导致党组织领导力量薄弱的教训,把党支部建在连上。"支部建在连上"制度是毛泽东对无产阶级建军原则的一个重要创造,这一制度的实施建立了新型的官兵关系,确立了党对军队的绝对领导,保证了党的路线、政策在军队中得以贯彻执行。毛泽东在总结井冈山斗争经验时就指出,红军之所以艰难奋战而不溃散,"支部建在连上"是一个重要原因。

三是在军队实行民主制度,连以上设立士兵委员会。对于军队民主主义,毛泽东在《井冈山的斗争》一文中就指出:"红军像一个火炉,俘虏兵过来马上就熔化了。中国不但人民需要民主主义,军队也需要民主主义。军队内的民主主义制度,将是破坏封建雇佣军队的一个重要的武器。"①士兵委员会在军队中也起了重大的作用,它的建立实现了官兵的平等,消除了军队里残余的军阀作风,是无产阶级军队区别于任何剥削阶级军队的一个显著标志。这三项改编措施,不仅精炼了队伍,更重要的是坚定了人们斗争到底的革命信念,增强了人们的革命信心。"三湾改编"是把工农革命军建设成为无产阶级领导的新型人民军队的重要开端,揭开了井冈山革命根据地建设的序幕,是人民军队建设史上的一个重要事件。

就在几乎相同的时间,在几乎相同的情形下,朱德也对自己所率领的部队进行了改编和整训。蒋介石发动"四一二"反革命政变后,第一次国共合作破裂,朱德率领部队参加了"八一"南昌起义。南昌起义后,起义军开始撤离南昌南下广东,朱德当时任第九军副军长。在南下途中,由于天气闷热、敌人的反动宣传和追击,部队受到很大的损失。起义军到达广东大埔县后,钱大钧、黄绍竑、李济深立即调集部队对起义军进行围困。面对严峻的形势,起义军抢占了三河坝,并决定由朱德第九军留守三河坝。10月2日至3日,在朱德、周士第率领下,部队与钱大钧部激战两昼夜,因弹尽粮绝,于4日撤出三河坝。朱德为保存革命力量,率部队向赣、闽边界转移。

进入赣南山区后天气渐渐转寒,而士兵却没有过冬的衣物,受伤的

---

① 《毛泽东选集》(第一卷),北京:人民出版社,1991年版,第65页。

士兵也没有药物进行治疗。面对这样艰苦的条件,很多人对革命的信心渐渐发生了动摇,认为革命没有前途了,甚至有些人无视军纪不辞而别。面对这种困难的状况,朱德对剩余部队进行了"赣南三整",即天心圩整顿、大庾整编、上堡整训。

当朱德率领部队进驻天心圩时,部队减员情况十分严重,从2000余人锐减到1000余人,师、团政工干部中只剩第七十三团指导员陈毅一人。面对这种情况,朱德果断对部队进行了整顿,即天心圩整顿。朱德在部队进驻天心圩的当天晚上召集了士兵开会,同他们讲理想、讲前途。他在宣布以后这支部队由他和陈毅来领导后,分析了当时的形势,并预见性地指出,虽然敌人跟在后面追,但是这些军阀之间是有矛盾的,蒋桂战争、蒋冯战争是一定要爆发的。军阀不争地盘是不可能的,要争地盘就要打仗,现在新军阀也不可能不打,他们一打,我们就可以发展了。他还向战士们提出,大革命是失败了,我们的起义也失败了,但是我们还要革命。"同志们,要革命的,跟我走,不革命的可以回家,不勉强。"但他还是动员大家留下,说无论如何,他是不会走的。

朱德以无产阶级革命家的非凡气度和远见卓识发表的讲话,回答了大家心中对革命前途的疑问。他说1905年的俄国革命失败了,留下来的"渣渣"就是十月革命的骨干。"我们这次就等于俄国的1905年,这是中国的1905年。我们只要留得一点人,在将来的革命中就要起很大的作用。过去那个搞法不行,我们现在要'伸伸展展'来搞一下。"他还指出1927年的中国革命,好比1905年的俄国革命。俄国在1905年革命失败后,是黑暗的,但黑暗是暂时的,到1917年革命终于成功了。中国革命现在失败了,现在也是黑暗的,但是黑暗也是暂时的,只要能保存实力,革命就有办法,革命就能成功。

陈毅在危难之中挺身而出，积极协助朱德稳住部队。陈毅诚挚地开导大家，他说南昌起义是失败了，南昌起义的失败不等于中国革命的失败。中国革命还是要成功的。我们大家要经得起失败的考验。在胜利发展的情况下，做英雄容易，在失败退却的局面下，做英雄就困难得多了。只有经过失败考验的英雄，才是真正的英雄。我们要做失败时的英雄。朱德、陈毅的讲话，铿锵有力，掷地有声，展示了革命的前景，极大地坚定了官兵们的信心。朱德通过天心圩的这次整顿，统一了部队的思想，坚定了战士们奋斗的信念，使部队走上了新的发展道路。

天心圩整顿后，朱德、陈毅率部队于10月底到达大庾。这时，朱德在天心圩的预言应验了，宁汉战争爆发了。粤、桂、湘系的大小军阀都卷入了这场混战，无暇顾及起义军。朱德、陈毅立即利用这一时机，在大庾对部队进行了整编，即大庾整编。大庾整编的重点是加强党对部队的领导。首先，在陈毅的主持下，整顿党团组织。重新登记了党、团员，成立党支部，并且发展了一些新党员，将党、团员分配到各连队中去，使军队处于党的领导之下。同时整编了部队，撤销了已经成为空架子的建制，将所有人合编为国民革命军第五纵队，下辖3个支队计9个连，朱德任司令员，陈毅任指导员，王尔琢任参谋长。整编后的部队组织状况和精神面貌都大为改观，部队真正稳定下来，虽然只有七八百人，但这些士兵都是经过考验、大浪淘沙而保留下来的精英。

1928年1月上旬，起义部队又转战来到湘、粤、赣三省交界的崇义山区的上堡，并初步站稳了脚跟。朱德领导部队进行了20多天的整训，即上堡整训。这次整训，首先是整顿纪律，规定募款和缴获的物资要全部归公，设立了没收委员会专门负责。其次是进行军事训练，每隔一两天上一次大课，小课则天天上。并且提出新战术问题，主要是怎样从打大仗转变为打小仗,也就是打游击战的问题。三是开展群众工作,部队以连、排为单位分散活动,发动群众打土豪、闹革命,开展游击战争。对此,朱德后来回忆说,经过这次整训,部队走向统一团结,纪律性加强了,战斗力也提高了。1928年4月,朱德率领经过整训后的部队在井冈山与毛泽东率领的部队会师,从此开启了井冈山斗争的新篇章。

朱德领导的"赣南三整",分别从思想上、组织上、军事上对部队进行了整顿、整编、整训,部队的面貌焕然一新,战斗力也大大提高了。"赣南三整"与"三湾改编"几乎是同时进行的,虽然具体内容不尽一致,但它们的指导思想、建军宗旨都很接近。因此,在党领导下的人民军队的建设与发展史上,同样具有极为重要的意义。

朱德面对南昌起义后的极端困难的局面,提出了"这是中国的1905年"的判断。这种判断不是没有根据凭空做出的,而是源于朱德对中国国情和当时革命形势的客观科学判断。这反映了朱德对革命规律的正确认识,反映了他对中国共产党和中国革命必胜的坚定信心。毛泽东、朱德等无产阶级革命家在遇到挫折和失败后,仍然坚持着自己的革命信念,并以此影响着每一个士兵。在他们的领导下,革命的红旗没有倒下,而是在井冈山上迎风飘扬!

★ 井冈山革命根据地建立后,严峻的斗争形势和艰苦的生活条件使得当时党内外普遍存在着"红旗到底打得多久"的疑问,毛泽东为坚定和鼓舞军民的斗争信心,对这一疑问进行了科学的回答。

1927年10月,湘赣边界秋收起义遭受挫折后,毛泽东根据当时的革命形势,果断放弃了继续攻打城市的计划,做出了"上山"的决定。

1927年10月，在毛泽东率领的工农革命军和地方群众武装的齐心努力下，井冈山革命根据地建立了。井冈山革命根据地是中国第一个农村革命根据地，如何在农村开展革命是工农革命军当时面临的一个重大问题。在井冈山革命根据地建立之前，党的各项行动都是以城市为中心的，而毛泽东则第一次将党的革命斗争转向了农村。面对这种转变，有些人的思想就跟不上了，不仅普通士兵，甚至有些高级指挥干部也对毛泽东转入农村进行革命的决定很不理解，当时的工农革命军第一军第一师师长余洒度就是典型。

在湘赣边界工农武装割据形势一片良好、蓬勃发展的时候，湘南特委军事部长、湖南省委军委特派员周鲁到了宁冈砻市。到达宁冈的周鲁信口开河、乱发指令，指责毛泽东及前委行动太右，烧杀太少，没有执行所谓"使小资产变成无产，然后强迫他们革命"的政策，指示要"烧、烧、烧，烧尽一切土豪劣绅的房屋！杀、杀、杀，杀尽一切土豪劣绅的头颅"。周鲁传达了湘南特委的决定，取消以毛泽东为书记的前敌委员会，改为师委，何挺颖任书记，毛泽东改任师长，毛泽东由此第一次挎上了驳壳枪。周鲁还错误传达了中央临时政治局1927年11月扩大会议的精神，认为毛泽东所领导的工农革命军的工作未能实践党的新政策，在政治上犯了极严重的错误，把开除毛泽东中央临时政治局候补委员的职务，误传为开除毛泽东的党籍。

周鲁还代表湘南特委指示毛泽东、何挺颖率领工农革命军离开湘赣边界，前往湘南，策应湘南"年关暴动"（即湘南起义）。周鲁传达的指令使毛泽东等人大惑不解，毛泽东等人表示无法接受。尽管与周鲁进行了争辩，但毛泽东也十分清楚，周鲁传达的是上级的指示而不是周鲁个人的决定，最后还是要执行。1928年3月中旬，为了执行湘南特委的指令,毛泽东、何挺颖在宁冈砻市集中了工农革命军第一团、第二团,向部队传达了分三路向湘南进发以策应湘南起义的命令。毛泽东、何挺颖率第一团从砻市向酃县进发,袁文才、何长工率第二团一营从大陇出发,王佐率第二团二营从大井出发,一起开往湘南。工农革命军被调往湘南后,根据地守备空虚,敌军乘机对边界各县进行反复占领,使根据地军民遭受了巨大的损失。湘南暴动失利的消息传来,根据地军民便产生了"红旗到底打得多久"的疑问。

杨岳彬算得上是当时发出"红旗到底打得多久"的质疑的始作俑者。杨岳彬曾任红四军前委宣传科科长,在第五次反"围剿"后私自下山,被俘后叛变投敌。杨岳彬常常语出惊人,夸夸其谈,诸如他将鼓舞士气的"天天吃南瓜,打倒资本家"的口号改成"打倒资本家,天天吃南瓜"。这样的改动看似玩笑之言,反映的却是他对井冈山艰苦生活的真实感受。有一次,团部安排杨岳彬到铁匠铺打几副旗脚,添几面旗子。杨岳彬便说:"置什么旗帜,这红旗还不知道打得下去么!"他这句话听似简单,却很快地流传开来了,使井冈山地区的普通群众在思想上受到了巨大的影响,极大地扰乱了人心。毛泽东就碰到过这样的情况。

有一天,毛泽东在坝上村李筱甫家门前看书,遇到了郎中刘亮玉。刘亮玉在乔林就已认识了毛泽东,两人聊了一阵后,刘亮玉将压在心里的话说出了口:"毛委员,听人说共产党的红旗打不了多久,是这样的吗?"毛泽东听后心头一震,反问道:"你相信吗?"刘亮玉犹疑道:"我们老百姓哪搞得清楚呢。"毛泽东听出了他的疑惑,立刻意识到这是湘赣边界民众普遍担忧的问题,便坚定地告诉刘亮玉:红军有老百姓不会倒下。从这次交谈中,毛泽东感到不向边区军民回答这个疑问,革命悲观情绪就会继续蔓延下去,党领导的红军和根据地就不能进一步发展下去。

1928年5月,湘赣边界党的第一次代表大会举行,会上毛泽东回答了"红旗到底打得多久"的疑问。毛泽东在会上分析了中国革命的形势,阐明了中国革命的特点,指出:中国是一个半封建半殖民地、政治经济落后而又发展不平衡的受帝国主义间接统治的国家,这样,帝国主义支持的各派新旧军阀的割据和战争不断发生,中国小块红色割据也就有长期存在的可能性。

对此,毛泽东后来在《中国革命战争的战略问题》一文中这样记叙道:"当着一九二七年冬天至一九二八年春天,中国游击战争发生不久,湖南江西两省边界区域——井冈山的同志们中有些人提出'红旗到底打得多久'这个疑问的时候,我们就把它指出来了(湘赣边界党的第一次代表大会)。因为这是一个最基本的问题,不答复中国革命根据地和中国红军能否存在和发展的问题,我们就不能前进一步。"①

湘赣边界党的第一次代表大会召开后,根据地进入了发展的全盛时期。1928年7月红四军兵分两路迎击湘赣国民党军队对根据地的第一次"会剿"。当红二十八、红二十九团占领酃县的时候,杜修经却不顾永新会议的决定,附和红军中部分宜章籍官兵欲回家乡的情绪,引导红二十八、红二十九团向湘南冒进,军委也未加以有力的阻止,结果造成红军主力很大的损失,造成"八月失败"。"八月失败"使悲观情绪又一次笼罩着革命根据地。

面对严酷的现实,一些信念不坚定的人逃跑了,有的人甚至成为叛徒。"红旗到底打得多久"的疑问又一次被提出。1928年10月14日至16日,在江西省宁冈茅坪召开了湘赣边界党的第二次代表大会,大会通

---

① 《毛泽东选集》(第一卷),北京:人民出版社,1991年版,第188页。

过了毛泽东起草的《政治问题和边界党的任务》和《边界各县党的改造与建设》等决议案,详细论证了国内的政治形势,从社会政治背景、革命影响、全国形势、红军的存在和党的组织领导等五个方面阐述了中国红色政权能够存在和发展的原因和条件,肯定了创造罗霄山脉中段政权的重大意义,从理论上科学地回答了"红旗到底打得多久"的疑问。

毛泽东指出:"我们只须知道中国白色政权的分裂和战争是继续不断的,则红色政权的发生、存在并且日益发展,便是无疑的了。"①"小块红色区域的长期存在,不但没有疑义,而且必然地要作为取得全国政权的许多力量中间的一个力量。"②毛泽东还明确地指出:"边界的红旗子,业已打了一年,虽然一方面引起了湘鄂赣三省乃至全国豪绅阶级的痛恨,另一方面却渐渐引起了附近省份工农士兵群众的希望。""边界红旗子始终不倒,不但表示了共产党的力量,而且表示了统治阶级的破产,在全国政治上有重大的意义。所以我们始终认为罗霄山脉中段政权的创造和扩大,是十分必要和十分正确的。"③毛泽东指出中国红色根据地必将成为"取得全国政权"重要力量的发展前景,极大地坚定了井冈山军民革命到底的信心。

---

① 《毛泽东选集》(第一卷),北京:人民出版社,1991年版,第49页。
② 《毛泽东选集》(第一卷),北京:人民出版社,1991年版,第50页。
③ 《毛泽东选集》(第一卷),北京:人民出版社,1991年版,第81页。

第二节　星星之火，可以燎原

井冈山会师后，在毛泽东、朱德等人的领导下，在红军和人民群众的一齐努力下，井冈山革命根据地走向了全盛时期。在井冈山革命根据地的斗争实践的基础上，毛泽东的"工农武装割据"思想和红色政权理论开始形成并不断发展成熟。

毛泽东根据他对中国革命发展规律的认识和对井冈山革命根据地实际情况的了解和把握，写下了《星星之火，可以燎原》这篇文章。他在这篇文章中批评了一些人的悲观思想，并提出了"星星之火，可以燎原"这一科学命题，初步阐述了农村包围城市的思想。

"星星之火，可以燎原"这一科学命题被提出后逐步被广大群众所了解和接受，坚定了根据地军民的革命信念。根据地党和军民坚守着革命必胜的信念，坚持与反动势力做斗争，有的还为实现革命胜利献出了自己宝贵的生命。

★ 国民党军队对根据地发动第三次"会剿"后,一些人产生了悲观思想。毛泽东察觉到这一情况后,写下了《星星之火,可以燎原》一文,对悲观思想进行了批评,并初步阐述了农村包围城市的思想。

1928年"八月失败"后,革命根据地遭到严重打击。1928年冬至1929年初,国民党军队又乘机对井冈山革命根据地发动了第三次"会剿"。面对这种大军压境的斗争形势,部分军民对革命的前景感到非常迷茫。这种情况的出现说明悲观思想又在党和红军内部死灰复燃了。毛泽东立即意识到了问题的严重性。正如毛泽东所言,在那个时候,不但红军和地方党内有一种悲观的思想,就是中央那时也不免为那种表面上的情况所迷惑,而产生了悲观的论调。中央的二月来信就是那时候党内悲观分析的证据。这种悲观思想在党内和红军内最突出的代表就是时任红四军第一纵队司令员的林彪。

林彪,原名林育容。1925年考入黄埔军校。进入黄埔军校后开始学习马克思主义理论,并参加了中国共产党。北伐战争期间,他被派到国民革命军第二十五师七十三团(即叶挺独立团)任排长。大革命失败后他又参加了南昌起义,1928年底在朱德的指挥下参加了湘南暴动。湘南暴动失败后,林彪随着武装起义部队上了井冈山。朱毛会师后成立了中国工农红军第四军,林因指挥作战有方,很快被提升为红四军第二十八团团长。1929年初下山后到3月份,红四军将团改为纵队,林彪便任第一纵队司令员。到1930年6月红一军团成立时,林彪任第四军军长,时年23岁。

林彪从 1927 年到 1928 年不断得到提拔，由连长开始，升任营长、团参谋长、团长、纵队司令、师长，直至当上第四军军长，在 1928 年更是连升三职。林彪得到提拔与他出众的军事才能是分不开的，其军事才能也得到了毛泽东和朱德的赏识和肯定。他虽然具有出色的军事才能，但在困难之际却缺乏一个共产党员应该具有的无产阶级革命事业必胜的坚定信念。

1929 年末，当红四军在赣南、闽西分兵发动群众、创造新武装割据进行得轰轰烈烈时，闽粤赣三省敌人开始了对根据地的"会剿"，进逼闽西永定、上杭、龙岩等地。时任红四军第一纵队司令员的林彪给毛泽东写了一封新年贺信，提到采取比较轻便的流动游击方式，去扩大政治影响，因此红军只需走州过府，不必去做艰苦细致的群众工作。对于前委和毛泽东建立赣南闽西 20 余县根据地和一年争取江西的战略计划，他感到疑虑重重，认为中国革命高潮未必很快到来。

这封信引起了毛泽东的警觉，使他认识到了问题的严重性。他认为林彪此信并非一人所想，而是代表了一种悲观思潮，目前很有必要对这一问题加以解释。因此，他决定给林彪回信，希望在帮助林彪转变思想的同时，能够教育全军将士。1930 年 1 月 5 日，毛泽东在闽西古田赖坊写就了《时局的估量与红军行动问题》的长篇党内通讯（即《星星之火，可以燎原》一文），答复林彪，并印发全军。

毛泽东在信中这样写道："林彪同志：新年已经到来几天了，你的信我还没有答复。一则因为有些事情忙着，二则也因为我到底写点什么呢？搜索我的枯肠，没有想出一点东西来。现在我想得一点东西了，虽然不知道于你的情况切合不切合，但我这点材料是现今斗争中一个重要的问题，即使于你的个别情况不切合，仍是一个紧要的问题，所以我就把它提出来。

"我要提出什么问题呢？就是对于时局的估量和伴随而来的我们的行动问题。我从前颇感，至今还有些感觉，你对于时局的估量是比较的悲观。去年5月18日晚上瑞金的会议席上，你这个观点最明显。我知道你相信革命高潮不可避免地要到来，但你不相信革命高潮有迅速到来的可能。因此在行动上你不赞成一年争取江西的计划，而只赞成闽粤赣交界三区域的游击；同时在三区域也没有建立红色政权的深刻观念，因之也就没有由这种红色政权的深入与扩大去促进全国革命高潮的深刻观念。"

信中，毛泽东尖锐地批评了林彪等人没有建立红色政权的深刻观念，明确地阐述了以乡村为中心的中国革命农村包围城市道路的理论。他强调红军、游击队和红色区域的建立和发展，是半殖民地中国在无产阶级领导之下的农民斗争的最高形式，和半殖民地农民斗争发展的必然结果，并且无疑义地是促进全国革命高潮的最重要因素。朱德毛泽东式、方志敏式之有根据地的，有计划地建设政权的，深入土地革命的，扩大人民武装的路线……无疑义地是正确的。

针对林彪等人的悲观情绪和对革命信念的动摇，毛泽东还提出了"星星之火，可以燎原"的科学预见。毛泽东说中国有一句老话叫"星星之火，可以燎原"，这就是说，现在虽只有一点小小的力量，但是它的发展会是很快的。中国是全国都布满了干柴，很快就会燃成烈火。"星火燎原"的话，正是对时局发展的适当的描写。这个"星星之火"，距"燎原"的时期，毫无疑义地是不远了。一年多以后，即1931年11月7日，中华苏维埃共和国在瑞金的诞生，恰好应验了毛泽东这一科学预见的英明与正确。

在信的最后,毛泽东描绘了中国革命"星火燎原"的情势:它是站在海岸遥望海中已经看得见桅杆尖头了的一只航船,它是立于高山之巅远看东方已见光芒四射喷薄欲出的一轮朝日,它是躁动于母腹中的快要成熟了的一个婴儿。

《星星之火,可以燎原》是一篇关于中国红色政权理论的光辉著作,在毛泽东思想形成和发展过程中具有极其重要的地位。这篇文章被收录在《毛泽东选集》第一卷里,我们分别查阅1952年版和1991年版的《毛泽东选集》第一卷中的这篇文章,可以发现对这篇文章的注释是有区别的。1952年版的注释为:这是毛泽东同志的一篇通信,是为批判当时党内的一种悲观思想而写的。而1991年版的注释为:这是毛泽东给林彪的一封信,是为答复林彪散发的一封对红军前途究竟应该如何估计的征求意见的信。毛泽东在这封信中批评了当时林彪以及党内一些同志对时局估量的一种悲观思想。在这一改动的背后,有一段鲜为人知的历史。

整风运动后,1947年党中央准备编辑出版《毛泽东选集》,准备收录这封信。当时林彪任东北人民解放军司令员兼政治委员,他在了解这一情况后,致电中共中央。他表示这封信的内容有很大的宣传教育意义,他本人同意向党内和党外公布,但他又说为着不致在群众中引起误会,可以公布这封信的全文而不必公布他的姓名,以免对中央内情不了解的人产生种种无谓的猜测。毛泽东出于对林彪的爱护,便指示将此信做修改后再出版,因此1948年出版的东北书店和晋察冀版的《毛泽东选集》便没有收录这封信。然而,这封信在毛泽东思想形成和发展过程中具有极其重要的地位。1950年中央政治局决定由中央统一编辑《毛泽东选集》,这封信也在收录之列。不过这次为了不引起党内同志对林彪的误解,对信中点名林彪的地方做了修改,并将题目改为《星星之火,可以燎原》。

但是后来权力野心逐渐膨胀的林彪对这段历史讳莫如深,拒不认账,毛泽东的一片爱护之心遭到否决。1969年,当时的林彪已位高权重,他带着叶群、林立果以及空军司令员吴法宪等人重返井冈山,一时兴起填下了两首题为《西江月·重上井冈山》的词,并送呈毛泽东阅:"繁茂三湾竹树,苍茫五哨云烟。井冈搏斗忆当年,唤起人间巨变。红日光弥宇宙,战旗涌作重洋。工农亿万志昂扬,誓把敌顽埋葬。四十年前旧地,万千往事萦怀。英雄烈士启蒿莱,生死艰难度外。志壮坚信马列,岂疑星火燎原。辉煌胜利尽开颜,斗志不容稍减。"毛泽东看后,用红铅笔在"志壮坚信马列,岂疑星火燎原"下面重重地画了两条粗杠,并打了一个问号,写道:这是历史公案,不要再翻了。1991年7月1日中国共产党建党70周年之际,《毛泽东选集》第二版正式出版发行。毛泽东给林彪写的这封信被收入其中,虽然标题仍然是《星星之火,可以燎原》,但是标题注释却更为翔实地反映了当年的情况。

★ 毛泽东根据对井冈山实际情况的考察、对中国革命发展规律的认识和把握、对党和红军强大力量的信心,提出了"星星之火,可以燎原"的科学预言,充分体现了共产党人实事求是的精神。

从井冈山的斗争到中央苏区的开创、长征的胜利、延安的斗争直至夺取全国革命的胜利,这一路的经历,无不是在"星星之火,可以燎原"这一科学预言的鼓舞下进行的。党和红军正是有了这一信念的引导,才有了源源不断的力量和强大的精神支柱。毛泽东提出"星星之火,可以燎原"的预言,是出于对中国革命必胜的信心,而这种信心又是源自于毛泽东对中国革命客观实际的认识,体现了共产党人实事求是的精神。"星星之火,可以燎原"预言的提出具有以下几个方面的客观依据。

第一,对中国革命发展规律的认识与把握。近代中国社会是一个半殖民地半封建社会。在这个半殖民地半封建社会中交织着各种矛盾。有帝国主义之间的矛盾、国内地方军阀之间的矛盾等,这些矛盾的存在就决定了各种势力之间必定会为自己的利益而进行连续不断的战争。毛泽东在对这一国情认识的基础上指出,一国之内,在四周白色政权的包围中间,产生一小块或若干小块的红色政权区域,在目前的世界上只有中国有这种事。我们分析它发生的原因之一,在于中国有买办豪绅阶级间的不断的分裂和战争。毛泽东根据他对中国国情的基本认识而做出的这番论述,指出了"星星之火"能够存在的最基本的客观原因,而正是有了"星星之火"才会有"星火燎原"。

毛泽东对中国革命性质和任务做出了正确的认识。此前,陈独秀等人提出过所谓的"二次革命论"和"不间断革命论",这些理论都是以对当时革命形势和革命问题的错误判断为依据而提出的错误理论,不仅没有能给予中国革命实践以指导,反而将革命引向了歧途。毛泽东则总结了大革命失败的原因,在革命实践中找到了中国革命的规律,对中国革命基本问题做出了正确的认识。

毛泽东在《井冈山的斗争》一文中谈到革命性质和任务的问题时就说,中国现时确实还是处在资产阶级民权革命的阶段。中国彻底的民权主义革命的纲领,包括对外推翻帝国主义,求得彻底的民族解放;对内肃清买办阶级在城市的势力,完成土地革命,消灭乡村的封建关系,推翻军阀政府。必定要经过这样的民权主义革命,方能形成过渡到社会主义的真正基础。毛泽东正确指出了中国革命当时还是处在资产阶级民权革命的阶段，指出了革命对象和任务。在认清了资产阶级民权革命和社会主义革命的区别的同时又看到了二者之间的联系。毛泽东对中国革命发展规律的认识和把握完全不同于以往的所谓"二次革命论"等错误理论，是对中国革命客观和正确的认识。

第二，对井冈山革命根据地发展前途的深刻认识。毛泽东通过实地考察分析了井冈山地区所具有的优势，认为在井冈山地区建立革命根据地具有光明的前景。井冈山革命根据地具有优越的地理位置和丰富的物产。井冈山革命根据地地处湘赣边界，罗霄山脉中段。湘赣边界主要以高山和丘陵地形为主，这样的地形对防御敌人的进攻十分有利。湘赣边界不仅地势险要，而且具有丰富的物产。由于处于亚热带湿润性气候地区，具有气候温和、雨量充沛、光照充足、有霜期短等有利条件，非常适合农作物的生长。

井冈山所处的湘赣边界是国民党军队统治的薄弱地区。井冈山革命根据地的地理位置决定了它是敌人统治的薄弱环节。由于处于两省交界处，敌人相互推脱，很少在此驻兵，只有很少的地方保安武装，统治力量极为薄弱。湘赣边界的敌军势力也不平衡，湖南何健部的势力强于江西朱培德部的势力，而且反动势力内部也矛盾重重，因此红军可以对两省的敌军采取不同的策略以各个击破。除此之外，还有一个关键性的因素就是全国革命形势向前发展。若全国革命形势不是继续地向前发展，则小块红色区域的继续向前发展、小块红色区域的长期存在是不可能的。

井冈山革命根据地还有很好的群众基础。大革命前夕，在南昌、北京学习的青年回到家乡井冈山、遂川、永新等地宣传马克思主义。在大革命时期,这些进步青年参加了大革命并且加入了中国共产党。北伐后,这些进步分子回到家乡积极建立党组织,推翻豪绅的统治,掌握了地方政权。1926年北伐胜利之际,龙超清、袁文才领导宁冈县人民举行武装暴动,推翻了北洋军阀的县政权,成立了宁冈县人民委员会和农民自卫军。

第三,相当力量的正式红军的存在。红军是井冈山革命根据地的中流砥柱,是井冈山红色政权存在的必要条件之一。如果没有正式的红军,农民自卫军就只能对付挨户团,而不能对付国民党的正规军队,更不能形成长期的和日益发展的割据局面。相当力量的正式红军的存在,不仅给井冈山的群众带来了希望,而且吸引了国民党白军的投诚,进一步增强了红军的力量。井冈山革命根据地是一座革命的大熔炉,白军可以变成红军,投诚军官可以变成红色将领。在黄洋界保卫战取得胜利后,根据地的局面发生了很大的改观。在这种情况下,国民党军官毕占云和张威投奔了红军,并且都为红军的发展和根据地的壮大做出了重要贡献。

毕占云原本是国民党阎仲儒师王湘鲁部的一个营长,因属杂牌军饱受歧视与打击,在红军战争胜利的影响和朱德、陈毅的策动下,于1928年10月16日在桂东率部起义,开拔井冈山参加红军。其部被改编为工农红军第四军特务营,他本人任营长,不久,加入中国共产党。毕占云率领的特务营,在井冈山斗争中,出生入死,浴血奋战,成为红四军的一支有生力量。毕占云后任红四军第二纵队司令员、红六十六师师长、红八军参谋长等职。新中国成立后任河南省军区司令员、武汉军区司令员,1955年被授予中将军衔,1977年在郑州病逝。

张威原为赣军朱培德部下的一个营长,北伐战争中已经对共产党有所了解。经过中共莲花县委的争取,1928年9月在袁州率部起义,投奔红军。其部改编入莲花红色独立团,后编为红四军军部独立营,张威任营长。1929年张威在攻打大余时英勇牺牲。井冈山上的两个投诚将领,都是当时在红军影响下弃暗投明的革命英雄。

第四,共产党的坚强领导。党的领导是坚持井冈山斗争和夺取革命胜利的根本保证。在《井冈山的斗争》中,毛泽东说,共产党组织的有力量和它的政策的不错误,是红色政权长期存在并且发展的一个最要紧的条件。他还明确地指出,无产阶级思想领导的问题,是一个非常重要的问题。边界各县的党,几乎完全是农民成分的党,若不给以无产阶级的思想领导,其趋向是会犯错误的。

为了保证党领导的正确性,毛泽东提出了从思想上建党的方针。为了实现无产阶级的思想领导,根据地党组织采取了各种行之有效的措施。开办了党团训练班,印发了各种学习材料,开展了一系列的讨论,使党员和红军都接受了马克思主义理论的无产阶级思想的学习和教育。红四军通过编写《怎样做一个党员》等材料,增加了党员和红军对党的基本知识的了解。针对边界党组织中存在的机会主义和农民党的倾向,举办了各种学习班。通过学习,党组织增强了党性,铲除了封建小资产阶级思想,树立了无产阶级的革命观。

正是有了以上这些条件,毛泽东才提出了"星星之火,可以燎原"这一科学预言。毛泽东指出,以宁冈为中心的湘赣边界工农武装割据,其意义决不限于边界数县,这种割据在湘鄂赣三省工农暴动夺取三省政权的过程中是有很大的意义的。而且,在全国政治上有重大的意义。毛泽东在这一科学认识的基础上,充分看到了井冈山斗争的光明前途,看到了中国革命胜利的希望。井冈山根据地建立后,全国各地农村革命根据地开始蓬勃发展。各地农村革命根据地的建立,使党和红军的力量一步一步壮大,成为革命胜利的重要保证。

★ 在井冈山斗争时期,根据地军民同国民党反动派进行了英勇的斗争。怀着坚定的革命信念,刘仁堪、吴月娥、伍若兰等无数革命英雄忠诚于党的革命事业,不惜牺牲自己宝贵的生命来保卫根据地。

人,只要有信念,有追求,就什么艰苦都能忍受,什么环境也都能适应。在井冈山革命根据地,党和人民群众始终坚持着革命必胜的信念,这种坚定的信念为革命事业提供了强大的精神动力。正是有了这种不竭而强大的精神动力,所以在各种困难面前,他们不屈不挠、无私奉献,为了革命的理想信念不惜牺牲自己宝贵的生命。他们的英勇行为在井冈山斗争史上,谱写了一曲曲为主义而牺牲的赞歌。

1924年,在长沙做搬运工的刘仁堪,因一次偶然的机会,参加了毛泽东主持的秘密会议,开始接受马克思主义教育。1925年加入中国共产党后,他被党组织派到家乡江西莲花开展革命工作。刘仁堪回到家乡莲花后以教书、行医为掩护,秘密组织农民协会,进行革命宣传。马日事变后刘仁堪被"通缉",于是他只好和其他的同志在山里打游击。1927年9月,当刘仁堪得到毛泽东率秋收起义部队来到莲花县的消息后,便连夜赶到县城,与工农红军会合,并且在莲花县宾兴馆参加了由毛泽东主持召开的会议。在宾兴馆会议上,毛泽东做出了引兵井冈山的决策,这一决策对井冈山革命根据地的创建起了至关重要的作用。

见毛泽东做出引兵上井冈山的决定,出于对周边环境的熟悉,刘仁堪便自荐要随部队一起行动。毛泽东在征求其他同志的意见后,答应了他的请求。毛泽东决定让他当部队的向导,上山后他先到军官训练班去学习,学成后便安排回莲花继续工作。刘仁堪于1928年7月当上了莲花县工农兵政府主席,11月当上了中共莲花县委书记。

根据地第三次反"会剿"失败后,整个边界沦为白区,革命活动只好转入地下。1929年5月,刘仁堪和县委妇运部部长颜清珍在下乡检查工作的过程中,遭叛徒告密,在南村不幸被捕。听说捉到了共产党县委书记,国民党莲花县县长邹兆衡欣喜若狂,甚至跑到监狱给刘仁堪松绑,企图诱降。邹兆衡对刘仁堪说:"如果你交出全县共产党的组织和人员名单,交出独立团的枪支弹药,不但用不着操心你自己的名誉和地位,我还可以担保你全家人的生命和财产安全。"面对引诱,刘仁堪一声不吭,丝毫不为所动。诡计破灭后的邹兆衡对刘仁堪施以各种酷刑,但并没有使其屈服,也没有从刘仁堪那里得到一点东西。

5月3日下午,莲花县掀起了一阵小小的骚动,三五成群的国民党靖卫队队员挥舞着枪支,大声喧嚷着把街上的行人统统赶进两旁的商店,命令老板立即关上店门不准外出。不多久,从县衙走来一对身穿蓝色便装的中年男女。他们的双手都被绳索反绑着,后面还有人揪着。这两个被绑住的人就是刘仁堪和颜清珍。他俩虽然面容憔悴,头发凌乱,却显露出英勇顽强的神气。

当刘仁堪发觉人们都拥挤在商店门缝和窗户里偷看时,他放声大喊:"乡亲们,国民党这些杀人魔鬼,疯狂不了多久,工农红军是一定会打回来的。"刘仁堪在人生的最后时刻,愤怒地揭露国民党的罪行,大力宣传共产党的主张。刘仁堪在刑场上慷慨陈词,气得邹兆衡暴跳如雷。他指使靖卫队的暴徒,用匕首割掉刘仁堪的舌头。刘仁堪不能讲话了,鲜血直流。但他没有屈服,也没有倒下,而是咬紧牙关,忍着剧痛,用脚趾沾着鲜血,在地上隐隐约约地写下了"革命成功万岁"几个大字。刘仁堪牺牲时年仅34岁。

在井冈山的革命斗争时期,不仅有像刘仁堪一样为了革命信念而牺牲的铮铮男儿,还涌现了一批以伍若兰和吴月娥为代表的巾帼英雄。

伍若兰1925年加入共产党,曾任耒阳县苏维埃政府妇女部长。伍若兰在她少年时期就同情贫苦大众、疾恶如仇,反对封建迷信,提倡妇女解放。在战斗中,她表现出了出色的工作能力和广博的学识,深受朱德的赞赏和喜欢。1928年2月,由当时的耒阳县委书记刘泰、邓宗海介绍,她和朱德结为夫妻。

伍若兰任红四军政治部宣传队队长时,经常带领宣传队员刷标语、编歌曲,宣传党和红军的宗旨、政策。她刻苦学习,很快就熟练地掌握了一些军事技能,练就了一手好枪法。她身为军部的宣传干部,又是军长的妻子,却从不居功自傲,更不摆任何架子,对革命工作都带头干,为人处世十分谦虚。她行军有马不骑,总是把马让给有伤病和体弱的同志,自己穿着草鞋同战士一道步行。她深入群众谈心,了解情况,做细致的思想工作。她怀的第一个胎儿,就是在1929年1月红四军下山的行军途中流产的。

1929年初她同红军主力下山,转战到赣南寻乌吉潭项山时,不幸因伤被俘。敌人开始不知她的身份,被指认是朱德之妻后便被押解到赣州,敌人妄图从她身上获取共产党和红军的军事机密和行动计划。敌人问她:"朱德、毛泽东在哪里?"她答道:"在红军里,在人民心里!"敌人又问她:"你为什么当土匪?"伍若兰怒斥道:"真正的土匪是你们!我是共产党,是革命者,要消灭你们这伙反动派!"敌人对她采用了灌辣椒水等种种酷刑,都未能动摇伍若兰的革命信念。她说:"革命一定会成功,你们一定会灭亡！""要想从我嘴里得到你们所需要的东西，除非日从西方出，赣江水倒流！"伍若兰于2月12日被敌人杀害于赣州市的卫府里，凶恶的敌人还把伍若兰的头颅割下来挂在赣州城门示众。伍若兰牺牲时，年仅23岁。

伍若兰就像一朵挺拔芬芳的剑兰，永不凋谢，千古流芳！1962年3月4日，时任全国人大常委会委员长的朱德重上井冈山，他临下山时，什么也不要，只带走一盆井冈兰，这盆兰花寄托了他对伍若兰深深的思念。

吴月娥是井冈山斗争时期的另一位女英雄。吴月娥，湖南酃县十都人。吴月娥家租种了本村土豪胡明辉的土地，可是辛苦了一年反而欠了一身的债。因还不起债，胡明辉便强迫吴月娥做他家的童养媳。出于无奈，父母将吴月娥送到井冈山的姑父家做养女。这样的遭遇在吴月娥幼小的心灵里种下了仇恨的种子。毛泽东率秋收起义部队上山后，吴月娥在红军的宣传和引导下，明白了许多道理，参加了少先队，为红军站岗放哨，张贴标语，工作做得很出色。

有一天，村暴动队正在商量如何抓土豪胡明辉，吴月娥听到此消息，便暗自盘算要怎样和大人们一起抓住这个罪大恶极的仇人。村暴动队员在傍晚时分开始行动，吴月娥带领着三个少先队员悄悄地跟随在后。当暴动队员到达胡明辉的住处时，却发现胡明辉早已闻讯逃跑了。吴月娥又恼又急。她很快镇定下来，对情况进行了一番分析。她认为在暴动队到处搜查的情况下，胡明辉肯定不敢走动，一定是躲在某个地方。胡明辉如果要逃跑，不可能走大路，只有走小路。这条小路又是在悬崖上，胡明辉在夜里是不敢过去的，肯定要等到天亮才敢过去。想到这里，吴月娥心里已经有办法了。

胡明辉逃跑的必经之路有一段是架在陡峭山崖上的木桥，吴月娥便带领着几名少先队员事先将桥的两端撬松,再找来树藤拴住小木桥的一端,然后拉住树藤埋伏在桥头的树丛中,等待着胡明辉的到来。到天亮的时候,胡明辉果然带着他的狗腿子沿着小路朝着小木桥走来。当胡明辉走到木桥中间时,吴月娥和其他少先队员把树藤一拉,刹那间胡明辉和他的狗腿子三人一同掉进谷底摔死了。因为这件事,吴月娥受到了赤卫队领导的表扬,在不久后光荣地加入了共产主义青年团。

1929年1月,红军主力撤离井冈山后,敌人发动了对井冈山革命根据地的第三次"会剿"。留守在井冈山的红军和革命群众与敌人进行了殊死的斗争。敌人在井冈山实行"石头过刀,茅草过火,人要换种"的政策,企图采用残酷的烧杀政策来断绝红军和群众的联系。群众都相信只有坚持与敌人斗争下去,才能取得胜利。在这种情况下,吴月娥主动提出要担任红军的联络工作,为红军转送情报。1929年1月,吴月娥在一次执行任务中,不幸被敌人发现。敌人猜测她一定是个联络员之类的角色,便想从她身上打探到关于红军的信息。敌人用刺刀顶住吴月娥的前胸后背,威逼她带路,到红军或红军干部藏匿的地方。

残酷的斗争使吴月娥早已成为一名坚强的革命战士,为了革命的胜利她早已把自己的生死置之度外了。吴月娥马上使自己镇定下来,她知道自己怎么都无法逃过今天这场劫难,想了一会儿后便答应给敌人"带路"。敌人一听吴月娥要"带路",十分高兴,便让吴月娥走在前面带路。吴月娥凭着对地形的熟悉,带着敌人走了许多弯路。敌人开始并没有怀疑她,只是迫不及待地想要消灭红军。吴月娥最后领着敌军登上了一座陡险的山峰。到了山峰顶上,敌军发现情形不对,当敌军连长正要发问时,吴月娥突然扑上前,两手紧紧地抱住他一同跳下了悬崖。吴月娥,这位大山的女儿,带着对敌人的仇恨、对革命的无限忠诚和对革命必胜的坚定信念,将自己的躯体投向了大山的怀抱。

刘仁堪、伍若兰、吴月娥等无数的井冈山英雄儿女,怀着坚定的革命信念,用自己的生命和鲜血换来了革命的胜利,党和人民永远不会忘记他们!

第三节　自力更生,共渡难关

艰苦奋斗是井冈山精神的本质。

井冈山革命根据地地处湘赣边界,良好的自然环境使得这一地区的物产相对来说比较丰富。毛泽东率领部队上井冈山后,朱德和彭德怀也率部队相继到来,这样就导致了根据地人口数量激增,已有的粮食产量和储备远远不能满足部队的需要,粮食问题成为当时的一个大问题。与此同时,国民党敌军加紧了对井冈山革命根据地的经济封锁,使得很多生活和医疗必需品都极度匮乏,给井冈山革命根据地军民造成了巨大的困难。

面对各方面的困难,井冈山革命根据地的军民团结一心,发扬艰苦奋斗的精神。毛泽东和朱德等党和红军的领导同志与士兵和群众同甘共苦,积极采取多项恢复和发展根据地经济生产的措施,打破了敌人对井冈山革命根据地的封锁。

★ 为了"围剿"井冈山革命根据地，国民党势力对根据地进行了严密的封锁。经济封锁使得根据地粮食、棉被衣物、食盐、医疗药品等都十分稀缺，根据地的生活和医疗条件十分艰苦。

在反动势力占据优势的时期，革命必定是艰苦而又困难的。敌人在对井冈山革命根据地进行军事进攻的同时，还对井冈山进行重重包围，实行严密的经济封锁，严禁一切物资运上井冈山。在通往根据地的道路上设立据点、关卡，对来往的路人进行盘查，对进入井冈山革命根据地的食盐、药品等关键物资进行严格控制。敌人企图利用这种切断根据地与外界联系的方法来达到消灭红军、摧毁根据地的目的。

关于根据地生活的艰苦，杨克敏在《关于湘赣边苏区情况的综合报告》中有这样详细的记述：

> 红军中的生活与经济是非常之艰难的。拥有数千之众，每个月至少要一万五千元作伙食费，米还是由当地筹办的，经济的来源全靠去打土豪，附近各县如宁冈、永新、茶陵、鄱县、遂川土豪都打尽了，再要打就须远一点去，要远一点就必须与敌人硬拼一次才通得过，所以打一次土豪就必须大的部队出发。红军中的薪饷，早就废除了，只有饭吃，有钱的时候发一二块的零用钱，最近几个月来，不讲零用钱不发，草鞋费也没有发，伙食费也减少了。最近两月来，每人每天只发伙食费三分，四分油，四分盐，米一斤四两，三分钱一天的小菜钱，只买得一斤南瓜。洗衣剃头穿草鞋吃烟的零用钱没有发

了。所以最近以来,士兵生活特别的苦(不论士兵官长以及地方工作的也是一样的),去年冬天,棉衣问题几乎无法解决,后来在遂川买得几千斤棉花,抢得一点布,才勉强解决了。所以近来士兵生活得不安,当时有一句口号:"打倒资本家,天天吃南瓜。"可以概见士兵的情形,因此士兵动摇起来了,有开小差的、拖枪跑的,下级干部也深感不安,所以最近向赣南的原因大部也是为的经济问题——应付敌人的会剿,当然是这次的重要原因,因为四军如果不出发解决经济问题,大多数的群众,有不能领导了的危险。这个经济问题,要算是红军中最困难的问题,也就是边界割据的致命伤。[①]

从杨克敏的报告中我们可以看出,毛泽东率领秋收起义部队上井冈山后,首先要解决的一个大问题便是吃饭的问题。当时部队每人每天要吃粮 1.5 斤,每月就要 4.5 万斤粮食。面对这一庞大的粮食需求,起初,在袁文才和王佐的帮助下,红军解决了吃饭这一燃眉之急,在井冈山地区站稳了脚跟。随后又通过打土豪、开粮仓等办法稍稍缓解了粮食问题。1928 年 4 月,朱德、陈毅率领南昌起义的队伍和湘南的农军与毛泽东在井冈山会师,部队规模达到 3 个师 9 个团和一个直属特务营,加上工作人员有将近 10000 人。根据地人口急剧增加,边界的土豪又渐渐被打光,粮食的问题又成为根据地最突出的问题。红军这时每月需要粮食 40 万斤,可人口不满两千、产谷不满万担的井冈山根本无法满足这么大的粮食需求。正是出于这种原因,1928 年 5 月底,湘南农军组编的 5 个团返回湘南。

---

① 江西省档案馆,中央江西省委党校党史教研室编:《中央革命根据地史料选编》(上册),南昌:江西人民出版社,1982 年版,第 36—37 页。

对当时吃饭困难这一问题，红军老战士曹里怀曾回忆说，在茨坪的时候，他们每天顿顿吃的是红米、南瓜。刘显宜则回忆说，井冈山时期的生活是非常艰苦的，每人每天只有三分钱的伙食费，天天吃的是南瓜。开饭时，一锅子是饭，一锅子就是南瓜，每个班各装一个盆子，七八个人就一起吃了起来。那时一元钱可买上三四百斤南瓜，我们吃的菜都是从老百姓那儿买来的。在茨坪，机关还自己种了一点菜，有时到河里抓几条小鱼，放一些笋在里面煮，那算是非常好的菜了。

除了吃饭这一大问题外，冬衣和棉被也十分缺乏。秋收起义部队到达井冈山后，天气逐渐转凉，衣物和被褥缺乏，许多士兵在冷天只有两件单衣穿。当时裁制部队士兵5000人的冬衣，有了棉花却没有布。到1929年初部队下山向赣南出击时仍然没有解决穿衣的问题。井冈山时期老红军谭冠三回忆说，当时他们冬天没有棉衣穿，只穿两件单衣。晚上睡觉时，没有棉被盖，有个夹被就了不起了。

朱良才对此也回忆道：井冈山的冬天非常寒冷，可我们都穿着单衣。就拿我来说吧，一条长单裤，因为连续战争，不论风里雨里、白天黑夜，起来一穿，睡下一铺，早已破得不像样，要补又找不到布，只得挖东墙补西墙——撕了裤腿补裤裆，撕来撕去，结果把一条长裤变成了短裤。刘显宜回忆说：在冬天，我们没有被子盖，有时能搞到一条由两层布做成的夹被就算是不错了。即使这样的夹被，我起初也没有，后来在打土豪时缴到了一些，党代表分配给我一条。冬天我们就两个人合起来在一起睡，上面盖一条，下面垫一条，夹被里面塞进干稻草。有时实在太冷了，我们就起来烤火，烤暖了再睡。红军在晚上睡觉时盖的都是干稻草，红军战士却称之为"金丝被"，睡觉时看不见人，都被稻草盖住了。夏天，虽然不缺衣服，但是蚊虫又猖獗起来。尤其是在井冈山这种山区，气候湿润等条件使得蚊虫特别多。当时没有防蚊的设备,为了防蚊虫叮咬,战士们只能找些艾叶,扎起来点燃,用以熏蚊子。艾叶点燃后,屋子里便烟雾弥漫,熏得人睁不开眼睛,呛得人喘不过气来。

对于生活的艰苦,井冈山老红军张令彬曾风趣地回忆道:在井冈山时期,战斗生活是十分艰苦的。当时有这样的说法:没有"牛头"不革命。"牛头"就是虱子。红军战士没有一个不生虱子的。那时到一个地方,能住一晚就是很好的休息。我们经常一走就是一百多里路,还要同民团、挨户团打仗,睡觉从来没有脱过衣服,也没有脱过草鞋,战斗生活极为紧张,哪能洗澡啊,洗澡洗衣服是不容易的事。……朱德当军长,也和战士一样苦,身上长满了虱子,经常和战士一样利用休息时间抓虱子。他风趣地对大家说:"不生虱子的人不革命。"

日用必需品的供给也是当时的一个大问题。毛泽东在《中国的红色政权为什么能够存在?》中提到了这一问题,感叹地说:"在白色势力的四面包围中,军民日用必需品和现金的缺乏,成了极大的问题。一年以来,边界政权割据的地区,因为敌人的严密封锁,食盐、布匹、药材等日用必需品,无时不在十分缺乏和十分昂贵之中,因此引起工农小资产阶级群众和红军士兵群众的生活的不安,有时真是到了极度。"[1]

食盐作为重要的日常必需物资,敌人对之进行了严密的封锁。想要把盐送上井冈山是极其困难、要冒很大风险的。缺少食盐的红军战士在精神上和战斗力上受到了极大的影响。没有盐就意味着没有盐水,而盐水在当时是一种消炎和清洗伤口的重要医疗资源,许多战士的伤口因得不到清洗而发炎溃脓。肖明回忆说,红军主力将要转移出去的前夕是最

---

[1] 《毛泽东选集》(第一卷),北京:人民出版社,1991年版,第53页。

困难的时候,外科药品十分紧张,后来有一个时期后勤部门食盐供应不上来,伤员洗伤口就用白开水,有些伤员的伤口洗后发炎、生蛆。有的战士和群众为了突破敌人的封锁将食盐送上井冈山而献出了自己宝贵的生命。

根据地的医疗设施简陋,医疗条件也相当差。当时任湖南省委代表的杜修经在后来的会议中谈到了这样一件事:第一次到井冈山时,毛泽东陪着他来到茅坪红军医院看望伤病员,正遇上医生给一名伤病员截肢,根本没有麻醉药,医生拿了木匠的锯子就吱吱地锯开了,伤员痛得昏死过去,他赶紧扭头不敢再看。

老红军杨至诚对当年的情况就有这样的回忆:在井冈山上,不仅粮食困难,医药同样是困难的,中药都用不上,那时伤病员的痛苦是难以言喻的。毛党代表率领红军大队南下时,要我留守在井冈山上做管理伤病员的工作,这个任务比打仗还要难。我看到伤病员在床褥上呻吟,辗转不安,十分痛苦。王云霖的回忆则是:红军医院各方面条件都是很艰苦的。由于敌人的封锁,医药非常缺乏。当时我们所需要的药是从哪里来的呢?其中一部分是从敌人那里缴过来的。地下党组织也会帮我们解决一部分困难,他们通过关系,从白区搞来一些药品和器材,由于红军医院伤病员多,医药远远不能满足需要。怎么办? 我们医务人员想了很多办法,比如没有凡士林,就用猪油代替;替伤病员开刀,就用锯木头的锯子。

面对着这样艰苦的条件,我们可以想象得出当时的党和红军要有多么坚定的信念、多么大的勇气、多么大的毅力才能度过这样艰苦的时期。

★ 在毛泽东的领导下,党员干部在井冈山艰苦的斗争环境中与人民群众同甘共苦。毛泽东和朱德等领导人以身作则,不搞特殊,留下了一个个与群众同呼吸共命运的故事，赢得了人民群众的支持和拥护。

当年井冈山革命根据地的艰苦时期，生活上没有人搞特殊。毛泽东、朱德、彭德怀等领导同志以身作则、带头吃苦，同战士和群众一起度过了那段艰苦的岁月，并留下了一个个与群众同呼吸共命运的故事。

毛泽东带头吃苦野菜

有一天，毛泽东来看望在步云山训练的战士们。吃午饭时，他发现战士们的情绪和之前有所不同，并且三三两两议论着。毛泽东经过仔细了解才得知，原来是野菜太苦了，很难吃。炊事员告诉毛泽东，由于冬天到了，只能采到一种野菜。毛泽东听了以后，二话没说，端起一碗野菜就大口大口地吃起来。他一边吃一边对战士们讲：这野菜虽苦，可是有丰富的政治营养，吃了它，干革命就不怕苦，我今天还要多吃一碗！战士们看到毛泽东吃得津津有味，就再也不抱怨了，也跟着吃了起来。因此后来便流传着这样一首歌谣：毛委员带头吃野菜，艰苦作风传万代；红军吃了苦野菜，天大的苦难脚下踩。

一根灯芯的故事

革命根据地的发展并不是一帆风顺的，而是经常受到敌人的经济封锁，服装、弹药、粮食、油盐往往十分缺乏。就拿油来说，煮菜要用油，点灯要用油。但是山上产的茶油是有限的，红军只有在下山打土豪时，才能获得一点油，因此十分珍贵。艰苦的日子并没有使共产党人屈服，毛泽东号召全体军民，厉行节约，一起渡过难关。全军宣布了一条关于用油灯的规定，内容大致是：团、营、连部晚上办公时用一盏灯，可点三根灯芯，办完公要熄掉，连部委留一盏灯作带班、查哨用，只准点一根灯芯。

毛泽东住在茨坪时就带头厉行节约。他本来可点三根灯芯,但他一直用一根灯芯办公、看书、写文章,还常常忙到深夜。就是在这样的灯光下,毛泽东在井冈山写下了《中国的红色政权为什么能够存在?》和《井冈山的斗争》等光辉著作,这些伟大的著作指导了当时根据地的斗争,指导了中国革命。

朱毛挑粮的故事

要打破敌人对井冈山根据地的封锁,就要储备相当多的粮食。要储备粮食就得下山去挑粮,因此当时"挑谷上坳"便成了红军的一项经常性工作。当时挑粮上山有三条路线:一条是柏路线,全程23里左右;一条是茅坪线,全程25里左右;还有一条是大陇线,全程20里左右。三条挑粮路线的目的地都是黄洋界,沿途上下有五六十里。

尽管挑粮路程山高路窄,但是毛泽东和朱德等人以身作则,不辞辛劳,参加到红军的挑粮队伍中去。毛泽东身材高大,所以他用布袋背的粮食也多。红军战士看到毛泽东背着大袋的粮食,害怕他身体受不了,便纷纷争抢毛泽东的粮袋。毛泽东坚持不让士兵背自己的粮袋,一边擦汗一边说:"你们都挑这么多,已经够累了,再抢我的挑,那不是把你们累坏了吗?我不要紧,能背得动。"

登上黄洋界,毛泽东和战士们经常在大树下休息。有一次毛泽东问大家:"同志们,累不累呀?"大家齐声回答:"不累!"毛泽东接着说:"为了革命的胜利,我们就是不怕苦,不怕累,我们今天挑粮是为了革命,将来我们还要挑更重的担子呢!"黄洋界哨口很高,站在那里可以看得很远。毛泽东问战士们:"站在这里可以看到什么地方?"战士们高兴地回答:"站在这里可以看到江西,也可以看到湖南。"毛泽东接着说:"站得高,才能看得远。干革命要高瞻远瞩,从这里要看到全中国、全世界。"

当时已经40多岁的朱德也积极同战士们一起挑粮上山,家喻户晓的"朱德的扁担"的故事就是在当时发生的。战士们想到朱德晚上要计划作战的大事,白天还要参加劳动,生怕累坏了他,便劝他不要挑粮,可是朱德说:"我身体好,军事工作可以安排早晚时间处理,挑粮不能不去!"战士们理论不过朱德,但又想要朱德多休息一会儿,于是就故意把他的扁担藏起来了。发现扁担不见了的朱德立马削了一根新扁担,又加入了挑粮的队伍。朱德为了不让红军战士拿走他的扁担,在扁担的正中写上了"朱德扁担,不准乱拿"几个大字。从此,朱德的扁担再也没有丢过。

朱德与士兵同甘共苦的精神和以身作则的模范行动深深地教育了大家。不久便有一位红军战士编了这样一首歌谣:朱德挑粮上坳,粮食绝对可靠,大家齐心合力,粉碎敌人"会剿"。每当挑粮爬山累了时,红军战士就用这首歌谣互相鼓励。朱德这种与战士同甘共苦的精神和以身作则的模范行动,深深激励了红军战士,增强了他们克服困难的勇气和信心。

张子清献盐

1928年4月,张子清率部掩护朱德、陈毅率领的湘南起义部队上井冈山,在鄞县接龙桥阻击敌人时不幸脚踝受伤。朱毛会师后,中国工农革命军第四军成立,张子清任第十一师师长。由于井冈山医疗条件差,张子清的伤一直没有好。到1928年底,他又被转移到小井红军医院住院治疗。张子清当时年纪虽轻,但他参加革命时间早,在部队享有很高的威望。他重伤在身,却常常给伤病员们宣讲革命道理,鼓励他们与病魔做斗争。

1928年底,敌人对根据地进行了"围剿",并进行了严密的封锁,致使根据地各种物资特别是药品和食盐异常缺乏。到后来,医院给伤员们洗伤口的食盐也无法按时按量供应了。没有盐的战士们只好用白开水洗伤口,效果甚微,不少战士的伤口都发炎了。战友们去探望张子清时,带来了平时舍不得吃的珍贵食盐,给他洗伤口用。然而,张子清一次也舍不得用这些食盐,将其用油纸包好,大概有一二两,珍藏在枕头边。后来,他听到医务人员焦急地议论医院的食盐用光了时,便主动找到医院的负责同志,把自己珍藏的食盐捐献出来,并吩咐他们用这点食盐把全院伤员的伤口都洗一遍,剩下的留给重伤员洗。

张子清自己本身也是重伤员,当医护人员给他解绷带洗伤口时,他硬是不肯使用食盐。拗不过他的医护人员只好先给其他伤员洗,而战士们一定要医护人员留一点盐水给张子清。接受战士们建议的医护人员给全体伤员洗完后,再给张子清清洗。张子清发现这是特意留给他的后,毫不客气地批评了医护人员,说:"那么一点盐水怎么还会有多呢?"张子清的行为使伤员们深受感动,他们都表示要好好养伤,争取早日上前线,多杀敌人。在红四军向赣南闽西出发前,张子清由于受伤较重,被转移到小井龙潭金狮面红军洞养伤。因医疗条件差,张子清的伤口反复感染,最后不得不截去一条腿。1930年5月,由于伤口再次化脓感染,张子清不幸在永新逝世。

彭德怀赠银圆

1929年1月,彭德怀、滕代远率红五军从井冈山突围后,于3月底在瑞金与朱德率领的红4军会师。为了恢复边界红色政权,于都会议上,组织决定部队重新返回井冈山进行武装割据。1929年5月初,遵照红四军前委的指示,彭德怀率红五军重返井冈山。此时湘赣边界遭受了一次大浩劫,断梁裂壁,焦土残墙,残破不堪。甚至有不少群众食不果腹,衣衫褴褛,生活万分贫困。目睹这种情景的彭德怀感触万千,将几个月来连续作战、到处奔波的疲劳抛诸脑后,一回到茨坪后就分别会见了坚守井冈山斗争的王佐、何长工、陈正人、李灿等红军将领。同时,在红五军自身给养尚十分困难的情况下,彭德怀还从部队挤出一笔银圆,在茨坪召开了群众大会,向茨坪和大小五井的群众赠送银圆,并进行了亲切的慰问。

如今广泛传唱的《毛委员和我们在一起》这首红歌,就是当时情况的写照。歌里这样唱道:红米饭,南瓜汤,挖野菜,也当粮,毛委员和我们在一起,餐餐味道香,味道香;干稻草,软又黄,金丝被,盖身上,毛委员和我们在一起,心里暖洋洋,暖洋洋;穿草鞋,背土枪,反"围剿",斗志旺,毛委员和我们在一起,天天打胜仗,打胜仗。正是毛泽东、朱德领导的党和红军当年同井冈山群众同甘共苦,发扬艰苦奋斗的精神,才赢得了群众的支持和拥护。这种吃苦耐劳、艰苦奋斗的作风是中国共产党先进性的最好体现。

★ 为打破敌人对根据地的经济封锁,根据地军民在党的领导下采取了各种应对措施。在农业上,充分动员军民生产,增加粮食产量;在工商业上,建立各种兵工厂,设立公卖处,发展邮政。这些措施取得了显著的效果。

要打破敌人对井冈山革命根据地的经济封锁,就要在发扬艰苦奋斗精神的基础上,对根据地进行切实有效的建设。在党的领导下,根据地的农业、工业、邮政业、医院建设等方面都取得了重大的成绩,军民的生活得到了改善,为红军作战提供了物质基础。

第一,积极发展农业生产。

边界工农兵政府采取了一系列措施,领导根据地群众利用井冈山地区农业生产的各种有利条件,克服不利条件,积极发展农业生产,为根据地的斗争提供了强有力的物质保证。

广泛张贴动员农民群众发展农业生产的布告。中共湘赣边界第一次代表大会以后,边界各地都进行了分田运动。农民分得土地后,农业生产的积极性得到了极大的提高。分田后,工农兵苏维埃政府还遵照特委的指示,加强了对根据地土地的经营和发展生产的领导,广泛张贴布告,引导督促农业生产。宁冈县第3区第8乡苏维埃政府就颁发过如下的布告:本府现已成立,从今夺取政权。肃清反动革命,隐藏罪亦牵连。打倒封建势力,严禁赌博洋烟。红军帮我工农,瓜分地主良田。属乡均已分好,务须耕耘在前。倘有自由抛荒,察觉重责难免。刻下稻熟之期,不准鹅鸭放田。特示布告之后,各宜领遵为先。

发动妇女参加农业生产。在根据地斗争时期,为了保卫根据地和边界各县政权,许多青壮年男性都加入了红军去参加战斗了,留在家的主要是妇女、儿童和老人。充分动员妇女进行农业生产就成了边界苏维埃政府解决劳动力缺少问题的主要办法。体力消耗大的农活对根据地的妇女来说确实有不小的困难,但她们还是积极地参加进来。妇女们从早到晚勤学苦练,很快就掌握了一些农活技术,很快成为边界地区农业生产的一支主要力量。发动妇女从事农业生产,做到了精耕细作,大大提高了粮食产量。

动员红军指战员参加农业生产。毛泽东在强调发展农业生产对根据地的重要意义的同时，还要求红军指战员要积极参加农业生产劳动。毛泽东自己也身体力行，并在干农活的同时了解百姓的情况，解决群众关心的各种实际问题。在毛泽东等人的教育和引导下，红军指战员都积极参加农业生产，有力地支援了农业生产。

组织耕田队，调剂劳力与农具耕牛余缺。耕牛和农具以及劳动力的匮乏，都是当时农业生产突出的问题。为了解决这些问题，边界苏维埃政府组织了耕田队，开展互助合作，调剂余缺，在特别困难的地区就采用人力代替耕牛。实行这些措施之后，农具等制约因素对农业生产的影响大大降低，保证了根据地农业生产的顺利进行。

进行农田基本建设。农田的基本建设主要采取了三个方面的措施。一是兴修水利。水利是农业的命脉。在井冈山革命根据地建立以前，边界各县的水利几乎都年久失修，农业生产受到严重的破坏。边界各县党和政府为了发展农业生产，发动农民进行了修整水利的活动。新修的水库、水坝、水渠保证了农业的灌溉，使农业生产有了保障。二是修牛路、保护庄稼。在当年的永新塘边和大屋两村，村民放牛时经常发生耕牛吃掉、踩踏禾苗的事情。毛泽东了解到这一情况后，便召集党支部开会商量修牛路的问题。村民们齐心协力，在村后修了几条牛路，保护了群众的庄稼。三是植树造林。植树造林最直接的好处就是可以收获各种木材。村民通过卖出各种木材得到了一定的经济收益，收入得到增加。在植树造林后，种植的茶树可以为根据地群众提供茶油，种植的竹子使农民们能够收获竹笋和制造竹制品等。种树还可以防止水土流失，营造良好的生态环境，使农业生产得到保障。

第二，积极发展工业生产。

创建桃寮被服厂。桃寮被服厂是1928年初在余贲民的负责下,在宁冈桃寮村的张家祠创办起来的。被服厂主要由红军中会裁缝的战士和农村的裁缝师傅组成,有工人100多人。桃寮被服厂的布料主要是从永新和遂川等地打土豪缴获的,主要生产部队所需的军衣、军帽、粮袋、绑腿带、子弹带等。"八月失败"后搬迁到茨坪。

建立红军军械处。红四军军械处是由步云山寺的工农革命军第一修械所发展而来的,1928年7月在茨坪创办。军械处主要帮助红军修理坏枪,制造单响枪和梭镖、大刀。军械处虽然规模不大,设备简陋,但是对井冈山革命根据地的斗争起了重要作用,并且为以后建立军工事业积累了经验。

创办红军印刷厂。1928年5月,红军在茅坪象山庵创办了红军印刷厂,由刘霄辉负责。印刷厂的设备是在攻打永新时缴获的,经过刘霄辉等人的摸索,印刷厂很快就运转起来了。1929年1月,红军出击赣南前颁布的著名的《红军第四军司令部布告》,就是用该厂的石印机印制出来的。

创办红军造币厂。1928年5月,五斗江战斗后,边界苏维埃政府在上井村创办了红军造币厂,由王佐负责。造币厂造出的银圆是墨西哥版的"鹰洋",上面打上了一个"工"字。工字银圆由于分量足,信誉高,深受根据地群众的欢迎。1929年红四军出击赣南后,造币厂被国民党烧毁。

第三,发展根据地的邮政业。

邮政业的发展对根据地的战争和军民生活有至关重要的作用。1928年,湘赣边界工农兵苏维埃政府在宁冈成立了根据地第一个邮局——"赤色邮政局"。除了建立各种赤色邮局外,边界政府还成立了联合通信站,为干部和战士传递书信及完成其他通信任务。

第四,创办和建设红军医院。

1927年10月,毛泽东率领工农革命军到达茅坪后,便建立了井冈山革命根据地的第一所医院——茅坪后方医院。随着红军规模的扩大、伤员的增多,红军于1928年八九月间开始筹建一所规模大一些的医院。经过两个月的建设,小井红军医院(当时叫红光医院)建成,这是红军第一所正规医院。小井红军医院占地920平方米,上下两层共32间病房。当时条件很艰苦,药品和医疗器械十分缺乏。1929年11月底,小井红军医院在敌人的第三次"会剿"中被烧毁。小井红军医院在斗争时期发挥了巨大的作用,救治了许多伤病员。

第五,发展根据地的商业。

改造草林圩场。草林是遂川县农村的一个大的集市,是遂川的商业中心之一。在地主豪绅的剥削和国民党反动势力的破坏下,草林圩场渐渐萧条。1928年工农革命军进入遂川后,地主豪绅向群众散布谣言说共产党见到商人就要杀头,并且还威胁圩场商人不要与红军进行交易。面对这样的情形,红军用实际行动揭穿了地主豪绅的谣言,在草林圩场打土豪、砸税卡、打击大奸商、保护中小商人。到1928年初,圩场日渐出现了繁荣的景象,逢圩时,到圩人数达到了前所未有的两万人。草林圩场的改造和恢复,满足了根据地军民的日常生活所需。

建立大陇圩场。为打破敌人的经济封锁,毛泽东接受袁文才的建议,决定在宁冈大陇开办一个红色圩场。大陇圩场在工农兵政府的直接管理下于1928年7月15日开圩。大陇圩场开圩后,圩场内熙熙攘攘,人山人海。大陇圩场与草林圩场活跃了井冈山革命根据地的经济,并且为以后经济工作的开展积累了经验。

设立公卖处。在改造草林圩场和建立大陇圩场后,出于进一步发展根据地经济的需要,1928年夏,新遂边陲特别区工农兵政府用打土豪筹得的资金在茨坪办起了井冈山最早的公卖处。兴办公卖处的主要目的是抑制不法奸商的投机行为,提供根据地的各种日常所需物品。政府还在大陇圩场办起了区政府的公营商店,直接为群众排忧解难,价格公道,买卖公平。除此之外,还鼓励建立合作社商业。

开展群众性的熬硝盐运动。盐是当时在敌人封锁下根据地最为缺乏的物资。为渡过难关,边界政府根据群众的经验,号召群众将老房子的墙根土挖出,换上新土,然后把老土放在水里浸泡,用泡出的水熬制硝盐。有时还把尿桶底部长期积下来的白硝刮下来,熬制硝盐。这种硝盐,虽然又苦又涩,但比长期不吃食盐引起浮肿好多了。这在一定程度上缓解了盐荒。

成立竹木委员会。1928年底,边界政府为了建立赤白贸易线,打破敌人封锁,在红色区域内成立了竹木委员会,有计划地组织人力,通过各种渠道,向白区输出根据地盛产的竹、木、油、茶等。这对沟通赤白区之间的物资交流,活跃根据地的经济起了一定的作用。

在井冈山短暂而艰苦的斗争岁月里,如果没有坚定不移的革命信念,就不能将革命进行下来;如果不发扬艰苦奋斗的精神,就不能渡过各种难关。井冈山革命根据地两年多的斗争,是党和人民应该永远铭记的一段历史。

第二章

实事求是、勇闯新路

实事求是、勇闯新路是井冈山精神的核心和灵魂。

毛泽东在《改造我们的学习》一文中对"实事求是"做了这样的解释："实事"就是客观存在着的一切事物，"是"就是客观事物的内部联系，即规律性，"求"就是我们去研究。实事求是就是要我们根据实际情况去探求事物的规律。实事求是不仅是马克思主义的精髓，还是毛泽东思想活的灵魂。

毛泽东率领秋收起义部队上井冈山，开辟了井冈山革命根据地，对中国革命起了巨大的作用，产生了重要的影响。井冈山斗争时期，以毛泽东为代表的中国共产党人，突破了教条主义和经验主义的束缚，克服了各种"左"和右的干扰，以一种勇敢的创新精神将马克思主义基本原理与中国革命的实际情况结合起来，为中国革命寻找到了一条新的道路。这条新的革命道路就是以武装斗争为主要形式，以土地革命为基本内容，以农村根据地为根本依托，最后以农村包围城市，用武装夺取全国政权的"井冈山道路"。

在井冈山革命根据地的斗争实践中，毛泽东等人还对党的建设、军队建设、经济建设等问题进行了一定的探索，这些探索就是马克思主义中国化的开篇。

第一节　建立井冈山革命根据地

大革命失败,秋收起义受挫后,中国共产党对革命的发展方向等问题的认识还处于一种迷茫状态。革命要到哪里去,应该怎样发展革命等事关重大的问题在党内都还没有形成一致的看法。

关于革命发展方向的问题,当时党内有两种意见和看法:以共产国际指示为指导的上海党中央主张继续进行城市武装暴动计划,毛泽东则主张退到农村实行武装割据。事实证明,毛泽东的选择是基于中国革命的实际情况做出的,是完全正确的。毛泽东在他的"上山"思想日渐成熟后,率领秋收起义部队来到井冈山,在袁文才、王佐以及井冈山地区群众的帮助下,建立了井冈山革命根据地,将"上山"的想法变成了现实。

井冈山革命根据地的建立实现了党的工作重心的转移,为革命的兴起和蓬勃发展提供了重要的保障。井冈山革命根据地的建立还为毛泽东对中国革命道路的探索提供了良好的环境,也为毛泽东思想的形成提供了条件。因此,井冈山革命根据地被世人称为"中国革命的摇篮"。

★ 在总结起义失败教训之后,毛泽东对中国革命基本问题的看法逐渐成熟起来。与中央继续攻打大城市的主张相反,毛泽东提出了引兵"上山"的思想,这一思想对中国革命产生了深远的影响。

根据当时继续在城市举行暴动不甚乐观的革命形势,毛泽东主张将革命力量退到敌人统治势力较弱的农村。这种主张对那些坚持"城市中心论"的人来说是无法理解和不能接受的,他们认为这是一种"逃跑"主义思想。不迷信苏联革命教条经验的毛泽东相信,只有把革命的理论与革命实际结合起来才能将革命引向成功。这种马克思主义的实事求是、理论联系实际的态度,使毛泽东萌发了"上山"的思想。

毛泽东的"上山"思想的形成经历了一个过程。在大革命时期,对湖南农民运动的考察为毛泽东"上山"思想的形成打下了基础。在中国共产党成立初期,毛泽东对农民运动并不十分热心,他所执行的也是共产国际规定的"城市中心"路线,热衷的也是工人运动。可是很快,毛泽东根据自己的亲身经历,逐渐改变了观点。

毛泽东在担任农民运动讲习所主任后,一边讲授关于农民运动的各种课程,一边亲身参与到农民运动中去。1927年1月4日至2月5日,毛泽东考察了湘潭、湘乡、衡山、醴陵、长沙五县的农民运动。这一番考察使毛泽东深有感触,遂于1927年3月写下了《湖南农民运动考察报告》一文。

在《湖南农民运动考察报告》中,毛泽东热情赞扬了农民运动,驳斥了各种对农民革命斗争的责难,明确指出了在农村建立革命政权和农民武装的必要性,科学分析了农民的各个阶层,着重宣传了放手发动群众、组织群众、依靠群众的革命思想。毛泽东通过亲身实践,完成了从轻视农民运动到重视农民运动的巨大思想转变,为他"上山"思想的形成提供了基础。

"马日事变"后,毛泽东召集李立三等人在武汉开会。毛泽东在会上要求大家回到原来的岗位,恢复工作,拿起武器,山区的人上山,滨湖的人上船,坚决与敌人做斗争,武装保卫革命。6月24日,毛泽东到湖南长沙开展恢复当地党组织的工作。针对武汉政府收缴枪械、解散工农武装的情况,毛泽东对湖南工农武装的去向做出了三种安排:一种是改成"挨户团",以合法的形式保存下来;一种是已经暴露,不能合法存在的,就上山;一种是主观力量不足,把枪支埋起来。在这三种安排中,毛泽东最为看重的还是"上山"的安排。

7月4日,毛泽东由湖南转往武汉参加中共中央政治局常委扩大会议。在这次会议上,陈独秀提出将农民军"送给"国民党的主张,张国焘则提出将农民自卫军变成"打富济贫"的"山大王"的想法。毛泽东否定了陈独秀和张国焘的主张,提出了省农协的两个策略:一是改成安抚军合法保存,但他认为这个办法实现的可能性极小。二是上山和投入到军队中去。上山可造成军事势力的基础,不保存武力则将来一到事变我们即无办法。可以看出,毛泽东这次会议上的主张比6月24日"上山"安排更加进步了。

7月20日,毛泽东以中央农民部长、农委书记的名义,制定了《中央通告农字第9号——目前农民运动总策略》。毛泽东明确提出大革命失败后全国农军的出路和策略就是"上山",这是毛泽东"上山"思想在组织准备方面的体现。在"八七会议"上提出要"非常注意军事,须知政权是由枪杆子中取得的"后,当瞿秋白要他一起去上海党中央机关工作时,毛泽东回答说,我不愿意跟你们去住高楼大厦,我要上山结交绿林朋友。

8月9日,中共中央临时政治局第一次会议召开,当讨论到湖南秋收暴动时,毛泽东否定了共产国际赴长沙巡视员马也尔提出的攻取广东的计划。毛泽东指出:大家不应该只看到一个广东,湖南也很重要,湖南民众组织比广东还要大,所缺的是武装,当前处在暴动时期更需要武装。要在湖南形成一师的武装,占据五六县,形成政治基础,发展全省的土地革命,纵然失败也不应去广东而应该上山。

秋收起义受到挫折后,毛泽东的"上山"思想有了质的飞跃。毛泽东此时认为应该上山做"革命的山大王"。毛泽东在率领起义部队到达文家市时,余洒度和苏先俊等人与毛泽东产生了分歧。余洒度依然认为中国革命仍应以城市为中心,不同意毛泽东上山做"革命的山大王"的想法。毛泽东则解释说,我们这个山大王是特殊的山大王,是共产党领导的,有主张、有政策、有办法的山大王,是代表人民利益的工农武装。中国政治不统一,经济不平衡,矛盾很多,我们要找敌人统治力量薄弱的地方。

从以上的历史考察可以看出,毛泽东的思想经历了"山区的人上山"—"上山可造成军事势力的基础"—"纵然失败也不应去广东而应该上山"—"上山结交绿林朋友"—"上山做革命的山大王"这样一个不断深化、成熟的过程。"上山"思想的实质是中国革命重心转移的问题,即将中国革命的重心由敌人统治力量强大的大城市转到敌人统治力量较薄弱的农村中去。毛泽东的"上山"思想包含着当时革命斗争急需解决的三个问题:一是注重军事斗争,组织革命军队;二是发动土地革命,建立红色政权;三是上山结交绿林,组织革命军队,即建立革命根据地。对这三个基本问题的思考,构成了毛泽东"上山"思想的科学内涵。毛泽东的"上山"思想对中国革命产生了深远的影响。

第一,为大革命失败后的中国共产党保存武装力量、积蓄革命力量提供了有利条件。在当时全国各地的武装起义受挫的情况下,工农革命军如果继续执行武装攻打大城市的计划攻打长沙,必将是以卵击石,等待红军的必将是全军覆没的结果。如果将部队退到湘赣边界则是另一种结果。湘赣边界多为山区,地处偏隅,交通闭塞,敌人统治力量薄弱,又有一定的党群基础。上山后便可以利用这些优势积蓄革命力量,休养生息,发展群众,然后重整旗鼓,相机夺取政权。井冈山革命根据地的创建与发展就充分证明了这一点。

第二,为中国革命的战略转移找到了合适的方向。大革命失败后,特别是秋收起义遭受严重挫折后,中国革命面临着两个选择。一是继续在中心城市搞暴动,二是到广大的农村和山区去。不同的抉择会把中国革命引向不同的前途和命运。"上山"标志着中国革命的战略转变,向农村进军,在农村山区找一个立足点,把进军与退却结合起来。工农革命军主动退到山区去,是为了在广阔的农村和山区进行长期的武装斗争。退一步,是为了进两步。

第三,为中国共产党建立农村革命根据地、探索中国革命道路迈出了第一步。虽然"上山"是在强大的敌人逼迫之下,不得已做出的选择,但同时也是中国共产党人借鉴历史经验,探寻革命出路的成功之举。倘若不"上山",就不会有农村革命根据地的创建,也就没有"以农村包围城市"理论和实践的产生。正是因为做出了将革命武装力量引上山的正确决定,建立农村革命根据地的设想才能付诸实施,并在长期革命斗争实践的过程中,探寻出了中国革命的成功秘诀。

★　毛泽东率部队到达莲花后,收到了中共江西省委的来信。省委的信与毛泽东"上山"的想法不谋而合,毛泽东就此做出了引兵上井冈山的决定。在袁文才和王佐的帮助下,部队终于在井冈山安家。

1927年9月9日,毛泽东领导的秋收起义爆发。秋收起义的主要力量是工农革命军第一军第一师,下辖3个团。由于师长余洒度在起义前私自将国民党邱国轩部收编为第四团,因此参加起义的实际上共有4个团的力量。起义开始后,起义军以破坏各地铁路交通线为主要任务。在战斗中,第一团由于邱国轩的叛变损失惨重,之后退回修水向前委报告战况。第二团在攻占醴陵后遭到敌军张威、王东原部队的夹击,由于疏于防范被敌人围攻,团长王新亚出走不知去向。毛泽东所在的第三团在追击逃往东门市的敌军时,由于团长苏先俊麻痹轻敌,部队遭到巨大损失。在起义军面临全军覆灭的关键时刻,毛泽东在上平陈锡虞家召开了第三团连以上干部紧急会议,会议决定放弃原定会攻长沙的计划。

9月19日,秋收起义工农革命军第一团、二团和三团余部在文家市会合,部队此时尚存1500余人。部队会合后,毛泽东主持召开了前委会议。在文家市会议上,前委产生了"退"与"攻"的分歧,毛泽东主张改变湖南省委以及中央"会攻长沙"的战略计划,否定了余洒度、苏先俊"反攻浏阳"的主张。会议最后确定了毛泽东"向萍乡退却"的主张。

9月20日清晨,工农革命军1500余人集合在里仁学校的操场上整装待发。毛泽东向战士们宣布了前委所做的放弃攻打长沙、转向萍乡的决定。22日,工农革命军到达萍乡所属的上栗市。抵达上栗市后,部队本打算由此去安源,这样既可以收集在浏阳溃散的部队,又可以与安源工人力量相结合,继续南进。由于此时赣敌朱士桂部有重兵把守萍乡的消息传来,因此毛泽东在与余洒度等人商议后决计取道芦溪向莲花前进。

23日清晨部队从芦溪出发,以陈皓为前卫司令官,毛泽东随前卫营行动,师部居中,苏先俊第3团为后卫,向莲花前进。前卫部队进入山脚时,与敌军相遇,被迫仓促应战。为掩护部队后撤,总指挥卢德铭在战场上不幸中弹牺牲,年仅23岁。这一仗下来部队损失了500余人。

工农革命军9月25日冲破敌人伏击,到达莲花县高滩村。莲花县党组织负责人甘明山、贺国庆等得知毛泽东率部队到达高滩村后,立即赶往高滩村。甘明山、贺国庆向毛泽东报告了莲花、永新一带的敌情及其他情况。毛泽东得知地方反动势力逮捕和杀害了不少的农民自卫军后,遂决定攻打莲花县城,营救革命同志。革命军冒雨攻下了莲花县城,救出了被捕的革命同志。

就在到达莲花后不久,毛泽东与中共江西省委取得了联系,收到了中共江西省委书记汪泽楷写来的一封信。汪泽楷在来信中指出:宁冈有我们党的武装,有几十支枪。这个指示给了毛泽东很大的启发,与毛泽东的"上山"思想不谋而合。中共江西省委信中所提到的"党的武装"指的是井冈山袁文才和王佐的部队。

袁文才,又名袁选三,1898年出生于茅坪马源坑。曾在禾川中学念过几年书,父亲去世后辍学,与堂弟袁丁珠一起以烧木炭为业,后来又回家务农。袁文才的新婚妻子张乾英被茅坪土豪谢冠南的儿子强奸,袁文才从此与谢家结下深仇。1923年江西省议会换届选举,龙钦海和刘应岳是当时的主要候选人,谢冠南收受了龙钦海的好处为龙钦海助选,并拉拢念过几年书的袁文才为他办事。袁文才先假装答应了谢冠南的请求，却在后来的投票过程中将谢冠南的丑行一一揭发出来。

袁文才通过一次偶然的机会，结识了当时活跃在茅坪半岗山的绿林"马刀队"首领胡亚春。胡亚春没有文化，因此想把袁文才拉到队伍中来为他效力，袁文才迫于压力答应同他们暗中往来。谢冠南知道后，要求官府捉拿袁文才。袁文才闻讯躲入了山中，官兵捉不到袁文才便将他家洗劫一空，还将袁文才的母亲杀死。袁文才得知母亲被害的消息后，怀着夺妻、杀母的仇恨坚决地加入了马刀队。

袁文才因为有文化又足智多谋，一到马刀队即显露才智。他屡屡向胡亚春献计，建议在经济上要节约，做到细水长流；要劫富济贫，不要打劫小商贩，要保护平民百姓利益；战术上要避强就虚，与对手打圈圈。从此"马刀队"如虎添翼，袭击豪绅地主武装屡屡得手，队伍逐渐壮大。马刀队的发展使豪绅地主感到恐惧，他们纷纷要求国民党派兵来消灭马刀队。袁文才则凭借他对地形的熟悉，巧妙周旋，使敌人疲于奔命，毫无收获。

井冈山地区另一支队伍是王佐的队伍。王佐，又名云辉，号南斗，与袁文才同年出生。王佐在生父去世后，被姐姐送到裁缝王艾祥家学手艺，还曾拜师学过武艺。学成出师之后，王佐为井冈山的另一个绿林头目朱孔阳做裁缝，由于胆子大被朱孔阳拉拢入了伙。

后来，王佐乘一次下山的机会脱离了朱孔阳，自己买了一支枪，拉拢刁飞林等人自立门户开始了绿林生涯。王佐的发展同样引起了当地土豪劣绅的恐惧，当地土豪劣绅也开始借助各种势力来剿灭王佐的队伍。当地恶霸尹道一便企图用"招安"的方式来剿灭王佐部队。王佐得知"招安"其实是一场骗局之后又重操旧业。1926年，王佐部下李云飞发动叛乱，王佐在叛乱中险些被杀。王佐到袁文才处求救，两人志趣相投又是同年出生，便结拜为兄弟。在袁文才的帮助下，王佐铲除了李云飞，重新回到了茨坪。

袁文才和王佐所部成为井冈山地区重要的武装力量。当时任中共宁冈县党组织负责人的龙超清有了把袁文才和王佐的部队争取过来的想法。在龙超清的说服下，县知事沈清源决定对袁文才进行"招安"。于是龙超清和刘霄辉亲赴马刀队与胡亚春和袁文才谈判，最后成功说服袁文才下山。

袁文才接受"招安"后，被编为宁冈县保卫团并扩充了力量。经过龙超清和刘霄辉等人的细心教育和耐心帮助，袁文才思想有了巨大的进步，积极表示愿意听从党组织的盼咐。1926年10月，袁文才率领县保卫团发动起义。为了密切配合起义，龙超清等发动了工农暴动，县城新城被攻占，县清乡局也被摧毁，县知事被驱逐出境，宁冈县人民委员会成立了。县保卫团从此改编为县农民自卫军，袁文才任总指挥，袁文才及其马刀队也从此获得了新生。

1926年11月，袁文才加入了中国共产党。在共产党的领导下，袁文才枪杆子的作用得到了充分发挥，在1927年先后击毙、赶跑了三个来宁冈执政的反动县长。因此，宁冈的政权得以牢牢掌握在共产党手中。王佐在袁文才和宁冈党组织的影响和争取下，亦于1927年1月率部下山，被改编为遂川县农民自卫军。大革命失败后，袁文才和王佐各自保存了60支枪，成为边界有力的农民武装力量。

基于对袁文才和王佐基本情况的了解，毛泽东在莲花县宾兴馆召开前委会议。毛泽东在会上仔细研究了省委的指示信，说服了余洒度和苏先俊，最后做出了引兵上井冈山的决定。这个决定揭开了党的工作重心由城市转向农村的序幕,革命的战略转移由此迈出了关键的一步。

1927年9月29日,工农革命军到达永新境内的三湾村。毛泽东到三湾的消息很快传到了袁文才那里,而且他还收到了毛泽东给他的信,毛泽东在信中透露了想与袁文才合作的想法。袁文才在收到信后,因摸不清毛泽东的意图,一时也不知怎么办,便回信给毛泽东,写了这么几句话:"毛委员:弊地民贫山瘠,犹汪池难容巨鲸,片林不栖大鹏。贵军驰骋革命,请另择坦途。"袁文才虽然在回信中以委婉的言辞拒绝了毛泽东,但还是决定叫龙超清等人去和毛泽东接头以进一步打探情况。

毛泽东看到袁文才的回信后不为所动,仍坚持要上山。他向龙超清等人详细说明了自己上山的意图和政治主张,龙超清听后表示欢迎,而且还提议安排毛泽东与袁文才在古城会见。10月3日,毛泽东率部队开到古城后主持召开了前委会议,会议总结了秋收起义的经验,讨论和确定在罗霄山脉中段建立根据地。会后,毛泽东向龙超清提出了与袁文才见面的想法,龙超清回到茅坪后向袁文才转达了毛泽东的这一想法。袁文才最终决定在古城与茅坪之间的大仓村与毛泽东会面。

10月6日,毛泽东带着7个人前往大仓村,毛泽东还不知道袁文才这时已安排了一场"鸿门宴"等待着他,以防万一袁文才在祠堂里埋伏了20多人。袁文才得知毛泽东只带了7个人来后,顿时消除了疑虑,并与毛泽东进行了热情的交谈。离开之时,毛泽东决定赠送100支枪给袁文才,而袁文才则赠送1000银圆给毛泽东。毛泽东赠枪的举动彻底打动了袁文才,一场"鸿门宴"就这样变成了"同心宴"。大仓会见后工农革命军从古城、砻市分两路开往茅坪,开启了井冈山革命斗争的新篇章。井冈山革命根据地的开辟为工农革命军提供了安家之处。在袁文才、王佐的帮助和支持下,毛泽东的"上山"思想也终于得到了实践。

★ 中国共产党在井冈山斗争时期，开辟了一条农村包围城市、武装夺取政权的革命道路，并且积累了关于党的建设、经济建设、军队建设等问题的经验，为以后的斗争和建设提供了借鉴。

以毛泽东为代表的中国共产党人发扬了实事求是、敢为天下先的精神，开辟了中国革命史上第一个农村革命根据地。井冈山革命根据地的开辟在中国革命史上具有重大的意义，并产生了深远的影响。

第一，井冈山革命根据地的创建是党的工作重心转移的一次成功试验。

1917年俄国十月革命胜利，建立了世界上第一个社会主义国家，深刻地改变了世界发展的方向和趋势。为了指导世界无产阶级革命，列宁于1919年3月创建了共产国际，中国共产党便是在它的指导下成立的，是它的一个支部。

俄国十月革命的胜利极大地鼓舞了一批落后国家去进行革命，在共产国际的指导下，在这种巨大的示范效应的影响下，俄国的革命经验被当作一成不变的神圣模式被套用到各国的革命斗争中去。俄国十月革命胜利主要依靠的是中心城市的武装暴动，因此"城市中心论"的革命模式就被推广到了其他国家的革命实践中，大家都把城市作为革命的中心。

当时，政治上还不是很成熟、缺乏经验的中国共产党在很大程度上要依靠共产国际的指示来开展工作，因此以城市武装暴动为工作中心的思想在党内很长一段时间占据着主导地位。在这种思想的指导下，党的组织和武装力量都在不同程度上遭到了不应有的损失。

从失败中总结教训后，以毛泽东为代表的中国共产党人终于认识到照搬俄国革命模式是行不通的,要使革命获胜就必须摒弃不符合中国实际的革命模式。毛泽东在秋收起义后深刻认识到中国革命要想胜利就要实事求是,必须先将革命引向敌人统治薄弱的农村地区而不是继续留在城市,他最后放弃了攻打长沙的计划,做出了向井冈山地区转移的决定,并建立了井冈山革命根据地。

井冈山革命根据地的创立,是中国共产党工作重心转移的一次成功试验。这次转移为中国革命找到了正确的方向,开始了对中国革命道路的新探索,并且为以后工作重心的转移提供了思想启发和历史经验。

第二,井冈山革命根据地为党日后开展各方面工作提供了宝贵的经验借鉴。

虽然井冈山革命根据地斗争时期是党的局部执政时期,但在这期间所做的各项工作无疑为党在新中国成立后的政权建设、经济建设、军队建设、统一战线工作等方面提供了宝贵的经验。

政权建设方面,在井冈山革命根据地,党进行了大量有效的地方政权建设工作。1927年11月28日,工农革命军攻克茶陵后,建立了井冈山革命根据地第一个工农兵政权,也是全国的第一个县级红色政权——茶陵县工农兵政府。茶陵工农兵政府建立后,1928年1月24日和2月21日又分别建立了遂川县和宁冈县工农兵政府。2月底建立了新遂边陲特区工农兵政府、永新县小江区工农兵政府和部分乡工农兵政府。4月朱毛会师使根据地发展至全盛,成立了湘赣边界工农兵苏维埃政府,各县的红色政权也改名为工农兵苏维埃政府。"八月失败"后,各县的政权都遭到了极大的破坏,湘赣两省国民党军的第二次"会剿"被打退后又有所恢复,红色区域恢复到4200平方千米。1930年2月,赣西苏维埃政府成立了,为中央苏区的建立打下了基础。

井冈山革命根据地红色政权的建设从总体上来说取得了巨大的成就，但也有不足之处。一是民主集中制还不健全。实行民主集中制是边界政权的优点和特点。但由于受封建思想的影响，以及宣传不到位，边界政权的民主制度在很多地区只是流于形式。民主制度的缺失使得一些地区的政权缺乏群众的监督，甚至被一些反动势力利用和操控。二是党政关系处理得不够好。在政权建设过程中出现了一些党政不分、以党代政的现象。党的权威远远超过了政府的权威，政府很多工作无法开展，以至于党在很多工作上取代了政府。三是政权内部不太纯洁，制度的不健全使得一些地主豪绅和投机分子混入了红色政权中，扰乱了工作。党在根据地政权建设过程中总结出了一些经验教训，这些经验教训为往后的政权建设提供了借鉴。

经济建设方面，在井冈山斗争时期，党始终把发展经济、改善人民生活放在重要的位置。在敌人对根据地进行经济封锁的情况下，边界各级党和政府发布号召农业生产的布告，引导农民进行耕种，修整水利设施，植树造林。面对劳动力和耕牛不足的情况，积极动员妇女、政府工作人员和红军指战员参加农业生产，使得战争环境中农业产量不但没有减少反而有所提高。同时还大力发展各种军工业，建立了军械处和造币厂。在商业贸易方面，恢复和建立了草林圩场和大陇圩场，建立了公卖处，废除了地主豪绅的苛捐杂税。这些举措使得根据地的经济得到活跃，打破了敌人的封锁。在发展经济的同时，根据地还开展了分田运动。1928年12月制定的《井冈山土地法》，规定了土地的分配方法。《井冈山土地法》的颁布动摇了封建统治的根基，极大地提高了农民的革命热情和生产积极性，推动了根据地的建设和发展。

为了促进经济的发展，党还制定了各种经济政策。毛泽东要求部队

"不拿老百姓一个红薯",保护群众的利益,团结群众发展经济。针对工农兵部队的一些过分行为,毛泽东提出了保护中小商人的政策。这些举措和政策的实施团结了群众,使党和红军得到了百姓的拥护,推动了根据地的经济建设,改善了群众生活,为党以后领导经济建设提供了初步的经验。

军队建设方面,党领导下的人民军队是革命的中坚力量,是革命胜利的重要保证。秋收起义后,毛泽东在永新三湾对工农革命军进行了改编,确立了党对军队的绝对领导。在根据地斗争时期,军队内部实行了官兵平等的民主制度,严格遵守"三大纪律六项注意",明确了红军的三大任务,对士兵进行思想政治教育。在作战中形成了"敌进我退,敌驻我扰,敌疲我打,敌退我追"的游击战十六字诀。党领导下的红军战斗英勇,取得了反击敌人对根据地的三次"会剿"的胜利。井冈山的军事斗争,为人民军队的建设打下了坚实的基础,为党积累了军事斗争的宝贵经验。

统一战线方面,大革命失败给中国共产党的教训之一就是要做好统一战线工作,要尽可能地团结和争取一切可能的力量与国民党反动派做斗争。首先,秋收起义的队伍就有统一战线的性质,部队包括了国民革命军第二方面军总指挥团、安源路矿的武装工人部队,以及浏阳等地的工农自卫军。在井冈山革命根据地建立初期,前委对袁文才和王佐的部队采取了团结改造的方针。袁文才和王佐的部队也由此获得新生,成为正规的工农革命军,增强了党领导下的军事力量。

根据地发展壮大时期,党和红军积极争取国民党军队,毕占云和张威的加入就是突出的例子。实施优待俘虏的政策也同样收到了一定的成效,国民党军中一个叫曹福海的战士被俘后,不仅没有受到折磨反而领了回家的路费,在后来的战斗中他拉了十四五个国民党士兵来投奔红军。除此之外,毛泽东还提出了要团结和争取中小商人的思想。这些具有统一战线性质工作的实施和开展,收到了积极的效果,为革命争取了尽可能多的力量,为党积累了做好统一战线工作的宝贵经验。

第三,井冈山革命根据地的建立为毛泽东思想的形成与发展提供了条件。

毛泽东思想作为一种理论,是在实践基础之上萌发的,中国的革命斗争就是这种实践基础。毛泽东思想形成的重要阶段就是井冈山斗争时期。毛泽东通过总结井冈山革命根据地的斗争经验,写出了《中国的红色政权为什么能够存在?》《井冈山的斗争》等重要文章。在《中国的红色政权为什么能够存在?》中,毛泽东系统地阐述了红色政权的性质、使命和前途。《井冈山的斗争》则丰富了《中国的红色政权为什么能够存在?》一文关于"工农武装割据"的思想,为农村包围城市、武装夺取全国政权理论的系统阐述奠定了基础。文章涉及了军事、土地、政权、党的组织、革命性质、割据地区等多方面的问题,提出了有关根据地政权、军事、经济、党的建设等一系列重要的观点。总之,在井冈山革命根据地斗争时期,马克思主义开始了中国化的历程。井冈山革命根据地为毛泽东思想的形成与发展提供了条件,奠定了坚实基础。

第二节　中国革命的新道路——井冈山道路

以毛泽东为代表的老一辈革命家以敢为天下先的革命勇气和智慧，建立了井冈山革命根据地，又以勇敢的创新精神对中国的革命道路进行了不懈的探索。毛泽东在马克思列宁关于暴力革命的理论基础上，结合中国革命的实际情况，探索出了一条以武装斗争为主要形式，以土地革命为基本内容，以农村根据地为根本依托，三者密切相联、互为依存、缺一不可的"农村包围城市、武装夺取政权"的革命道路。2002年4月15日，胡锦涛在纪念谭震林诞辰100周年座谈会上的讲话中，把这条"农村包围城市，武装夺取政权"的革命道路高度概括为"井冈山道路"。

"井冈山道路"理论是毛泽东在井冈山斗争时期提出的红色政权理论的深化和发展，它经历了一个不断发展的过程。在红色政权理论的基础上，"井冈山道路"理论在中央苏区斗争时期得到继续发展，到延安时期基本成熟。

★ 在对马克思和列宁的革命理论进行继承和创新的基础上，毛泽东依据他对中国国情和边界形势的科学认识，提出了红色政权理论。井冈山道路理论就是在红色政权理论的基础上发展成熟起来的。

井冈山道路理论是关于中国革命道路的正确理论，是以毛泽东为代表的中国共产党人把马克思列宁主义同中国革命实际相结合的产物，是毛泽东思想的重要组成部分。井冈山道路理论的形成不是一朝一夕的事情，它的形成经历了萌芽、初步发展、成熟三个阶段，它从萌芽到成熟的过程贯穿于整个中国革命战争的历史中。井冈山斗争时期就是"农村包围城市，武装夺取政权"理论的萌芽时期。对井冈山道路理论的探索充分体现了以毛泽东为代表的中国共产党人在井冈山革命根据地斗争时期对待马克思主义的科学态度以及实事求是、敢于探索的精神。

井冈山道路理论的萌芽首先是对马克思和列宁的革命道路理论进行实践探索和创新的结果。马克思列宁主义关于暴力革命的学说认为，无产阶级革命的根本问题是武装夺取政权问题。

马克思和恩格斯在1848年《共产党宣言》中对暴力革命的思想进行了清晰的表达，共产党人不屑于隐瞒自己的观点和意图，他们公开宣布：他们的目的只有用暴力革命推翻全部现在的社会制度才能达到。《共产党宣言》发表后，马克思和恩格斯将自己极大的工作热情投入了指导工人运动的活动中。1871年法国巴黎工人发动了武装起义。这次起义虽然失败了，但是马克思认真总结了这次起义失败的原因，指出工人阶级不能简单地掌握现成的国家机器，并运用它来达到自己的目的，这就进一步丰富了他的暴力革命思想。马克思逝世后,恩格斯在坚持暴力革命的基础上提出了和平过渡的可能性,更是极大地丰富了马克思的暴力革命理论,马克思的暴力革命理论也由此成熟起来。

马克思主义是马克思和恩格斯对欧洲自由资本主义发展时期的经济状况和社会矛盾进行考察和深刻思考后产生的。马克思、恩格斯所处的时代是自由资本主义时期,各国资产阶级之间的矛盾表现得还不是很突出,因此无论哪一个国家的无产阶级革命,都会受到各国资产阶级的共同镇压。马克思、恩格斯根据这一事实认为无产阶级单独在一个国家取得胜利是不可能的,并号召全世界的无产阶级联合起来。

列宁所处的时代与马克思所处的时代就不相同了,自由资本主义进入到垄断资本主义,资本主义的社会矛盾表现得更为激烈和突出。如果这时依然用马克思、恩格斯对西方自由资本主义时期考察得出的理论来指导俄国的革命实践,显然是不行的。列宁清醒地认识到了这一点,在对垄断资本主义的特征进行深入研究后,他提出了"帝国主义是资本主义的最高阶段"的著名论断,并且发现了资本主义政治经济发展不平衡的规律。

列宁在继承马克思、恩格斯理论的同时还有所突破,在《论欧洲联邦口号》一文中首次提出了"一国胜利论",这一论断为社会主义革命理论做出了划时代的贡献。1917年,列宁领导下的俄国十月革命取得胜利,在实践上证明了列宁"一国胜利论"的正确性。在十月革命中,列宁还探索出了一条"以城市为中心"的革命道路,它是国际共产主义运动的巨大创新,对中国革命产生了巨大影响。俄国在革命前是一个资本主义国家,而当时的中国是一个农民占绝大多数的半殖民地半封建的国家。国情的巨大差异决定了中国革命绝不可以照搬俄国的经验,共产国际不加区别地用"以城市为中心"的理论指导中国革命导致的失败就是最好的证明。

中国革命形势的发展,尤其是各地红色割据政权的涌现,使毛泽东把地方上的红色割据政权与夺取全国政权密切联系起来,从而在认识上产生了一个质的飞跃,基本上形成了在农村建立革命根据地,以农村包围城市,最后夺取全国胜利的革命道路的设想。1930年1月,毛泽东发表了《星星之火,可以燎原》一文,在继承和发扬马克思主义暴力革命理论的基础上,正式提出了以农村包围城市,建立和发展红色政权,待条件成熟时再夺取全国政权的革命道路的思想。毛泽东的红色政权理论至此正式形成。

毛泽东红色政权理论的主要思想包括以下几个方面的内容。

一是建立红色政权的必要性。毛泽东在坚持和发展马克思、列宁的暴力革命理论的基础上,结合中国的具体实际,阐明了建立红色政权的必要性。首先,中国的国情同其他资本主义国家不同。中国不是一个独立的民主国家,在半殖民地半封建社会的中国,内部没有民主制度,受到帝国主义和封建主义的双重压迫。其次,农民问题是中国革命的重要问题。这也是与主要的资本主义国家相比较,中国的又一特点,民主革命的主力军是农民。再次,在半殖民地半封建社会的中国,城市是反动派的中心,而农村则是强大敌人统治的薄弱环节。这是中国的又一特点。因此,无产阶级应到农村去领导农民战争,把落后的农村造就成先进的巩固的根据地,造就成军事上、政治上、经济上、文化上的伟大的革命阵地,借以反对利用城市进攻农村区域的凶恶敌人,借以在长期战争中逐步夺取革命的全部胜利。

二是建立红色政权的可能性。毛泽东在《中国的红色政权为什么能够存在？》一文中，系统分析了中国红色政权能够长期存在的五点原因和条件：一、中国是帝国主义间接统治的经济落后的半殖民地国家，是一个政治经济发展不平衡的大国。二、中国红色政权发生和长期存在的地方，是经过第一次大革命深刻影响、工农士兵群众曾经发动起来过的地方。三、全国的革命形势是继续向前发展的。四、相当力量的正式红军的存在，是红色政权存在的必要条件。五、共产党组织的有力量和它的政策的不错误，是一个要紧的条件。

三是提出了建立中国红色政权的总任务、总目标。毛泽东在对大革命失败后国内的政治状况进行科学分析后，明确指出："中国的民主革命的主要内容，依国际及中央的指示，包括推翻帝国主义及其工具军阀在中国的统治，完成民族革命，并实行土地革命，消灭豪绅阶级对农民的封建的剥削。"[①]毛泽东的这一科学论断，阐明了中国民主革命的中心内容，就是要实行土地革命，消灭豪绅阶级，推翻白色政权，建立红色政权。这实际上就是建立中国红色政权的总任务和总目标。

四是红色政权存在和发展的意义。建立农村革命根据地，开展武装斗争和土地革命，是半殖民地半封建中国在无产阶级领导下的农民斗争的最高形式，是中国农民斗争的必然结果。必须坚持"工农武装割据"，才能坚定全国革命群众的信仰；才能给反动统治阶级以甚大的困难，动摇其基础而促进其内部分解；才能真正地创造红军，使其成为将来革命的主要工具。

红色政权理论的形成并不意味着井冈山道路理论也就同时形成了，红色政权理论与井冈山道路理论既是相互联系又是相互区别的。要实

---

① 《毛泽东选集》（第一卷），北京：人民出版社，1991年版，第48页。

现农村包围城市、武装夺取政权就必须先经过工农武装割据、建立小块红色政权,建立小块红色政权是武装夺取全国政权的基础和前提,而武装夺取政权是建立小块红色政权的最终目的。二者的区别在于红色政权理论回答的是中国红色政权存在和发展的条件问题,农村包围城市理论则回答的是中国革命根本途径的问题。红色政权理论是一个地域性的概念,而农村包围城市、武装夺取政权则是一个全国性的概念,它们是局部和全局的关系。

井冈山斗争时期毛泽东提出的红色政权理论还只是井冈山道路理论形成的萌芽,其完全成熟还经过了中央苏区时期和延安斗争时期。在中央苏区斗争时期,建立了中华苏维埃共和国,井冈山道路理论基本形成。到延安时期,毛泽东《中国革命战争的战略问题》《战争和战略问题》等文章的发表,标志着井冈山道路理论发展成熟。

★ 毛泽东在红色政权理论的基础上,提出了以武装斗争为主要形式,以土地革命为基本内容,以农村根据地为根本依托,三者密切联系,互为依存,缺一不可的农村包围城市、武装夺取政权的理论。

在井冈山斗争时期,以毛泽东为代表的中国共产党人坚持从中国实际出发,在中国革命的转折关头,以革命首创精神和巨大的理论勇气提出了农村包围城市、武装夺取政权道路的思想,为复兴中国革命和争取中国革命胜利指明了唯一正确的道路——井冈山道路。毛泽东对井冈山道路的基本点进行了多次阐述:以武装斗争为主要形式,以土地革命为基本内容,以农村根据地为根本依托。这三者是密切相联、互为依存、缺一不可的。

第一，以武装斗争为主要形式。

中国共产党要领导革命，就必须解决在半殖民地半封建的中国以何种斗争为主要形式的问题。在西方资本主义国家，外部没有民族压迫，内部没有封建制度，并且有资产阶级的民主制度。这些具有民主制度的国家的无产阶级政党，就可以进行长期的合法斗争，利用议会讲坛，组织工会教育工人，开展合法的罢工斗争，可以不需要拥有自己的军队和武装力量。因此这些国家里的斗争主要是以合法的、不流血的、非战争的形式来进行的。

但是中国具有自己特殊的国情。当时中国的国情特点是：几千年的封建统治使中国没有民主的传统，在西方资本主义入侵后，中国成为一个半殖民地半封建国家。在外部没有民族独立，在内部没有民主制度。因此，在这样的情况下，没有利用议会来表达无产阶级利益的可能，也没有组织工人罢工的合法权利。同时，帝国主义和封建军阀拥有强大的反革命武装力量，对人民实行残暴的反动统治，是武装到了牙齿的凶恶敌人。这就是中国不同于欧美资本主义国家的重要特点。因此，中国革命只能以武装斗争为主要的手段和形式，以革命的武装力量对付反革命的武装力量。毛泽东在大革命失败后就认识到了掌握武装力量对于中国共产党领导的无产阶级革命所具有的重要意义，因而在党的"八七会议"上他就提出了"枪杆子里面出政权"的著名论断。

毛泽东在《井冈山的斗争》中指出：边界的斗争，完全是军事的斗争，党和群众不得不一齐军事化。怎样对付敌人，怎样作战，成了日常生活的中心问题。所谓割据，必须是武装的。① 在后来的革命斗争中，毛泽

---

① 《毛泽东选集》（第一卷），北京：人民出版社，1991年版，第63页。

东多次阐述并强调了这一思想的重要性。在中国,主要的斗争形式是战争,而主要的组织形式是军队。在中国,离开了武装斗争,就没有无产阶级的地位,就没有人民的地位,就没有共产党的地位,就没有革命的胜利。

因此,武装斗争是中国革命的主要斗争形式,而且这种武装斗争必须是长期的,以军队为组织形式的。因为我们的敌人是异常强大的,革命力量就必须在长时期内聚积和锻炼成为一股足以最后战胜敌人的力量。当然我们也应该意识到,中国革命以长期的武装斗争为主要形式并不是说可以放弃或忽视其他形式的斗争,在斗争中也应该讲究相应的策略,只有同其他形式的斗争相互配合,武装斗争才能顺利开展,革命才能取得最后的胜利。

第二,以土地革命为基本内容。

农民问题是中国革命的基本问题。中国资产阶级民主革命的实质就是农民革命,中国革命战争的实质就是农民战争。农民问题的核心是土地革命问题。中国是个半殖民地半封建的大国,占中国人口80%以上的是农民,他们长期遭受封建地主阶级的剥削与压迫,对于夺回为地主阶级所剥夺占有的土地,有着强烈的要求。

毛泽东在井冈山斗争时期就明确指出:中国的民主革命的内容,依国际及中央的指示,包括推翻帝国主义及其工具军阀在中国的统治,完成民族革命,并实行土地革命,消灭豪绅阶级对农民的封建的剥削。[1]因此在半殖民地半封建社会的中国,中国共产党要领导全国人民取得民主革命的胜利,就必须深入农村,发动和武装农民,领导农民开展打土

---

[1] 《毛泽东选集》(第一卷),北京:人民出版社,1991年版,第48页。

豪、分田地的土地革命运动,才能与农民结成牢固的工农联盟,才能找到和依靠农民这个革命的主力军。中国革命如果失去了农民的支持,失去了农民这个主力军,就不可能建立以农民为主体的工农红军,就不可能建立以农民为依托的革命根据地,因而革命也就不可能成功。

对农民来说,他们最大、最迫切、最实际的问题就是土地问题,因此解决农民的土地问题就是党在农村工作的中心任务,是发动农民进行革命最好的办法。以毛泽东为代表的中国共产党人,在开辟井冈山革命根据地后不久,就在1928年5月湘赣边界党的一大上提出了"深入割据地区的土地革命"的重要政策,并成立了湘赣边界工农兵政府,具体领导土地革命运动。

1928年5月至7月,朱毛会师后根据地逐步发展起来,边界各县红色政权相继建立。在党和工农兵政府的领导下,各县相继出现了大分田的高潮,极大地激发了根据地农民生产和革命斗争的积极性,进一步解放了农村生产力,形成了红色区域的坚实基础。1928年12月,在总结根据地分田斗争经验的基础上,毛泽东主持起草了《井冈山土地法》。《井冈山土地法》是中国共产党在土地革命战争时期第一部土地法,具有重要的意义。

经过井冈山革命根据地到中央苏区三年多土地革命的实践,中国共产党逐步形成了一条比较完备、成熟的马克思列宁主义的土地革命路线。这就是:依靠贫雇农,联合中农,限制富农,消灭地主阶级,变封建半封建的土地所有制为农民的土地所有制的土地革命路线。这条土地革命路线,是马克思列宁主义与中国革命实际相结合的产物,对中国革命起到了重要的指导作用并产生了深远的影响。

第三,以农村革命根据地为根本依托。

中国革命在组织武装斗争、开展土地革命的同时，还必须建立农村革命根据地，这也是由中国革命的实际状况所决定的。

由于中国革命具有长期性和残酷性的特点，反革命势力为维护其反动统治，对于用武装力量反抗其统治的人民革命，采取极其残暴的手段予以镇压。为了在与敌人长期、残酷的斗争中坚持下去而不为敌人所消灭，为了在与敌人长期的革命战争中积蓄和锻炼自己的队伍，并避免在革命力量暂处弱小时同强大的敌人做决定胜负的较量，党和红军必须有一个可以立足，可以安营扎寨、休养生息的地方，这就需要建立农村革命根据地。中国革命实践证明，革命根据地是革命人民和革命军队赖以生存和发展的根本依托。

正如毛泽东所言：游击战争的根据地是什么呢？它是游击战争赖以执行自己的战略任务，达到保存和发展自己、消灭和驱逐敌人之目的的战略基地。没有这种战略基地，一切战略任务的执行和战争目的的实现就失去了依托。① 中国历史上的农民战争之所以都没能成功，除了农民阶级不代表先进生产力这一根本原因外，没有建立根据地的思想也是他们失败的一个重要原因。因此必须把落后的农村改造成先进的巩固的根据地，改造成军事上、政治上、经济上、文化上的伟大的革命阵地，借以反对利用城市进攻农村区域的凶恶敌人，借以在长期战斗中逐步夺取井冈山革命根据地，争取革命的全部胜利。井冈山革命根据地就是这样的一个"伟大的革命阵地"。

在井冈山革命根据地的创建过程中，由于是在农村环境中进行斗争，因此当时党和红军内存在着一种热衷于走州过府、轻视建立根据地

---

① 《毛泽东选集》(第二卷)，北京：人民出版社，1991年版，第418页。

和红色政权的"流寇主义"思潮,企图用比较轻便的流动游击方式去扩大政治影响,等到各地争取群众的工作做好了,再来一个全国武装起义,成就全国范围的大革命。毛泽东对这种思潮提出了严厉的批评,他认为这种全国范围的、包括一切地方的、先争取群众后建立政权的理论,是不适合中国革命的实情的。毛泽东还明确指出,红军、游击队和红色区域的建立和发展,是半殖民地中国在无产阶级领导之下的农民斗争的最高形式,是半殖民地农民斗争发展的必然结果,并且无疑义地是促进全国革命高潮的最重要因素。中国革命正是依靠这样一小块或若干小块农村革命根据地,波浪式向前推进,一片一片地发展壮大为全国基本区域,最后通过走"农村包围城市、武装夺取政权"的道路取得了全国革命的胜利。

总之,以武装斗争为主要形式,以土地革命为基本内容,以农村根据地为根本依托,最后农村包围城市、武装夺取全国政权的革命道路,是以毛泽东为代表的中国共产党人在井冈山革命根据地斗争时期将马克思列宁主义与中国革命实际相结合的伟大创举,是中国式的武装夺取政权的正确道路。

★ 红军撤离井冈山后,党领导军队在苏区继续进行武装斗争,开展土地革命。1931年中华苏维埃共和国在江西瑞金建立,毛泽东的"农村包围城市、武装夺取政权"的革命理论由此得到了实践和进一步的发展。

红四军主力撤离井冈山革命根据地后在赣南地区创立了中央苏区,并于1931年成立了以瑞金为首都的中华苏维埃共和国。中华苏维埃共和国的成立是对毛泽东"农村包围城市、武装夺取政权"思想的一次成功尝试,中华苏维埃共和国也就成为新中国的雏形。在中国共产党人的领导下,新型人民政权的建立,意味着"农村包围城市、武装夺取政权"理论基本形成。

1928年12月,彭德怀和滕代远率领的红五军与红四军在宁冈会师,井冈山革命根据地的力量由此进一步得到加强。这个消息传到蒋介石那里,蒋介石委任何健为总指挥,调集3000兵力,向井冈山革命根据地发动了第三次"会剿"。面对这种危急的形势,红军于1929年1月4日在宁冈县柏路召开会议,会议传达了中共六大的决议文件,研究了迎战策略。在如何对付敌人的"会剿"这一问题上,与会人员发生了激烈的争论。毛泽东根据当时的形势,提出了"围魏救赵"的策略:彭德怀和滕代远率领红五军据守井冈山,毛泽东、朱德则率红四军主力下山以吸引敌军,缓解敌人的围攻。会议最后采取了毛泽东的意见。

毛泽东、朱德率红四军下山后,彭德怀和滕代远率红五军向井冈山五大哨口进发。在遭到敌军的猛烈攻击后,红五军突出重围,向赣南进军,希望找到毛泽东、朱德并与之会合。4月1日,红四军与红五军在瑞金会合。4月8日彭德怀在于都召开的前委会议上提出了率部回井冈山并且恢复井冈山根据地的要求。毛泽东和前委同意了彭德怀的这一提议,红四军和红五军从此又分别开始了新的斗争。

彭德怀回到井冈山革命根据地后做了一些卓有成效的恢复工作,但是1930年2月袁文才、王佐被错杀,袁文才、王佐部下纷纷反水,井冈山革命根据地从此沦为白区。井冈山革命根据地虽然丢失了,但毛泽东、朱德率领红四军主力在赣南闽西经历了多次战斗后,已经创立了中央革命根据地,中华苏维埃共和国就是在这一背景下建立的。

1931年11月7日,中华苏维埃第一次全国代表大会在江西瑞金叶坪村举行。出席大会的代表分别来自中央苏区、闽西、赣东北、湘赣、湘鄂西、琼崖等苏区,朝鲜和越南来宾也出席了大会。这次大会的隆重举行标志着中华苏维埃共和国的诞生。会后,中华苏维埃共和国的最高政权机关——中央执行委员会举行了第一次会议,会议选举毛泽东为中央人民委员会主席。中华苏维埃共和国的诞生,标志着中国共产党领导的政权开始以国家形态出现在中国的政治舞台上。在这一时期,中国共产党继续对中国革命的道路进行探索,继续把武装斗争、土地革命、根据地建设结合起来,极大发展了农村包围城市、武装夺取政权的思想。

1932年底,在中华苏维埃共和国成立一年后,国民党在赣粤闽边区"剿匪",总司令部调集30多个师的兵力,分左、中、右三路军,开始对中央革命根据地和红一方面军发动第四次大规模军事"围剿"。蒋介石亲赴南昌,布置"围剿"任务。陈诚指挥的中路军担任主攻任务,采取分进合击的战术,企图寻找红军主力决战。

1933年1月下旬,苏区中央局按照宁都会议所确定的军事方针,屡次致电红一方面军总部,要求红军主动出击,转移到抚河两岸,迅速攻占敌军重兵防守的南丰、南城。在前线作战的周恩来、朱德表示不能同意中央局的意见,主张改攻宜黄、乐安,在抚河东岸连续使用运动战解决敌人。2月1日,红军部队进攻南丰,第四次反"围剿"就此拉开序幕。2月4日,苏区中央局再电前方,要求红军猛攻南丰,虽大损失,亦所不惜,并称中央局的指令必须立即执行。

这时陈诚已获悉中央局要求红军围攻南丰的情报,决定对红军实行内外夹击,围歼红军于南丰城下、抚河两岸。面对这种情况,朱德、周恩来决定率领红军主力西渡抚河,进攻南丰城,但同时提出,如果强攻南丰不能奏效,就要转攻宜黄、乐安,调动敌人于山地,在运动战中将敌军加以歼灭。2月12日,红军攻打南丰城,激战一夜,伤亡400多人。2月13日,发觉敌军主力驰援南丰的周恩来、朱德把对南丰的强攻改为佯攻,一部分兵力留下来迷惑敌军,主力秘密而迅速地转移到宜黄南部,待机歼敌。

2月26日,国民党军队向黄陂推进,陷入红军的伏击圈。红军立即抓住时机,集中优势兵力予以各个击破。经过两次激战,国民党军第五十二师、第五十九师几乎全部被歼,两师师长李明、陈时骥被俘,红军取得了第四次反"围剿"的首场胜利。黄陂战役后,不甘失败的国民党军队又调集兵力扑向广昌,意图寻找红军主力,进行决战。3月21日,红军在草台岗又歼敌近1个师。黄陂、草台岗两战共歼敌3个师,俘敌1万余人,缴枪1万余支。国民党军队对中央革命根据地的第四次"围剿"被彻底打破了,第四次反"围剿"取得了胜利。通过反"围剿"斗争,沟通了中央苏区与赣东北苏区的联系,苏区的版图进一步扩大。

在以武装斗争巩固苏区的同时,党还在苏区进行了土地改革,开展了分田运动,恢复和发展农业产生。赣西南土地分配的程序可以分为六步。第一步,召开群众动员大会,介绍分田和焚毁地契的意义和政策,并讲清斗争形势,打消群众的顾虑,使分田成为广大农民的要求和愿望,同时通过宣讲政策,使中农拥护与支持分田。第二步,划分阶级。虽然划分标准不够明确和统一,但一般划为地主、富农、中农、贫农、雇农五个阶级。地主、富农的田地均没收,对不进行反革命活动、态度老实又能劳动的地主、富农分子,也分给一份田地,这样既有利于改造他们,又有利于社会安定。第三步,由群众选出办事公道的土地委员,成立以贫农为骨干,有中农参加的分田委员会,具体领导分田。第四步,调查全乡人口、土地状况,并在群众中进行核实。第五步,根据核实的全乡人口和亩数,算出每人平均应得,再按"以原耕为基础,抽多补少"的原则,逐户算出应进或应出数,明确进出是哪家的哪里的田。第六步,"认田""过田",插界牌和发土地证。在分配土地的同时,各地对山林、池塘等也进行了分配。

采用上述方法和步骤,分田进展得很快,农民都分得了土地。但由于缺乏经验,在分田的时候还是出现了诸如所分得的田地肥瘦不匀,分田时只抽多补少,未抽肥补瘦之类的问题。为了解决这些问题,1930年10月,红一方面军总前委和江西省行委先后召开峡江会议和罗坊会议。这两次会议通过了强调各地必须按人口和抽多补少、抽肥补瘦的原则平均分配土地的决议案。会后,多数地方按抽多补少与抽肥补瘦相结合的政策重新分配土地。

在恢复和发展农业生产上,党和苏维埃政府采取了一系列有效措施。一是开展农业生产互助合作运动。在敌人的"围剿"下,苏维埃政府面临着劳动力和耕牛不足的问题。苏维埃政府借鉴了井冈山斗争时期的相关经验和做法,在苏区开展了农业生产互助合作运动。农业生产合作社主要有耕田队、劳动互助社以及耕牛合作社。开展农业生产互助运动,解决了发展农业生产过程中劳动力和耕牛不足的问题。这时的互助组在生产资料上实行共有,已经带有某些社会主义的萌芽性质,为党以后领导农业生产互助运动积累了经验。

二是开垦荒地、兴修水利。1933年发布的《开垦荒地荒田办法》规定:农民开垦的荒地免收3年土地税;富农开垦的,免收1年土地税;地主开垦的,当年就要收税。这个办法大大提高了农民的开垦积极性,增加了农作物的产量。水利设施经过整修后,大大改善了灌溉和蓄水能力。

中华苏维埃共和国的成立,是毛泽东农村包围城市、武装夺取政权思想的一次实践。中华苏维埃共和国成立后,党和苏维埃政府在法制建设、教育、文化艺术、医疗卫生、体育事业方面都做了一些探索性的工作,继续执行武装斗争和土地革命的方针。尽管中华苏维埃共和国在中国历史上只存在不到 6 年的时间,但这一时期的探索和实践使得毛泽东关于中国革命道路的理论向前发展了一大步,并日渐趋于成熟。

第三节 马克思主义中国化的开篇

2007年7月26日,胡锦涛在中央政治局第42次集体学习的重要讲话中指出:南昌起义和井冈山革命根据地的建立,是我们党把马克思主义基本原理同中国革命具体实践相结合、创立中国化的马克思主义的伟大开篇。①

毛泽东对中国共产党人创造的井冈山斗争的丰富经验进行了科学的理论概括,探索出了农村包围城市、武装夺取政权的中国革命道路理论,奠定了形成毛泽东思想的坚实基础。作为马克思主义中国化的最初理论成果——毛泽东思想最显著标志的中国革命道路理论,是以毛泽东为代表的中国共产党人在井冈山斗争时期开始创立的。

---

① 《弘扬崇高革命精神和优良革命传统,沿着中国特色社会主义道路奋勇前进》,《人民日报》,2007年7月28日,第1版。

以毛泽东为代表的共产党人以实事求是、勇闯新路的精神对井冈山革命根据地斗争时期有关党的建设、根据地的建设、军队建设、土地革命等方面的经验做了理论总结,并第一次提出了"思想路线"这一概念,充分体现了将马克思主义中国化的理论创新精神。

★ 井冈山斗争时期,毛泽东对军队的建设进行了有益的探索。在确立党对军队的绝对领导后,制定了人民军队的纪律方针和主要任务,创造了游击战争的战术原则,奠定了人民军队的建军路线。

毛泽东通过建立"支部建在连上"的制度、设立士兵委员会对部队在三湾进行改编,确立了党对军队的绝对领导,这也是他将马克思主义中国化的伟大实践。

首先,三湾改编丰富和发展了马克思主义军事理论和实践。马克思、恩格斯在进行无产阶级革命活动的过程中,认真地总结了资产阶级战争和无产阶级革命起义的经验教训,认真地研究了军事问题,撰写了《军队》《山地战的今昔》等军事文章、条目,逐步形成了严整的军事理论体系,从战争基本原理、军队基本理论、人民战争理论、战略战术等方面,为无产阶级进行军事斗争提供了思想武器。列宁和斯大林在领导俄国无产阶级革命斗争过程中,把马克思主义军事理论同实际相结合,制定了俄国无产阶级革命的军事纲领,分析了帝国主义战争和保卫社会主义祖国战争的性质,创立了苏联红军,极大地丰富了马克思主义军事理论的宝库。毛泽东运用马列主义的立场、观点和方法,对马克思主义军事思想进行了创新:在部队中设立党的各级组织和党代表制度,把支部建在连上,在军队内部实行民主制度,从而在组织上保证了党对军队的绝对领导。

其次,三湾改编丰富和发展了马克思主义党的建设理论和实践。将党的建设主要寓于军队建设之中是三湾改编对马克思主义关于党的建设理论和实践的重大发展。从组织方面来看,在对部队进行调整的同时也对党的组织结构进行了相应的调整。毛泽东决定在部队各级都设立党的组织,班设有小组,连设有支部,营、团设有党委,这样就保证了党的意志能在军队中顺利地贯彻。从制度建设方面来看,毛泽东根据当时的实际情况在三湾改编中重新设计了党代表制度,军队在连以上设立党代表,担任党组织书记,专做连以上干部的思想政治工作。这样,党代表制度就使得人民军队中各层级逐步形成了双首长负责制。最后,三湾改编中设立士兵委员会,丰富和发展了马克思主义民主建设理论和实践。

除此之外,毛泽东还继承和发扬了列宁关于思想政治教育工作的思想理论。针对红军士兵大部分是雇佣来的现实状况,各部队开展了各式各样的思想政治教育,通过上课、讨论、开会等形式对红军士兵进行教育。通过各种无产阶级革命思想的教育,逐渐提高了部队士兵的思想觉悟,启发了他们的革命自觉性,增强了他们夺取战争胜利的信心和决心。

毛泽东在井冈山斗争时期对人民军队的行动提出了"三大纪律六项注意"。作为中国人民解放军的优良传统和行动准则并体现人民军队的本质和宗旨的"三大纪律八项注意"就是从井冈山时期提出的"三大纪律六项注意"逐步演变过来的。

1927年9月毛泽东率领部队向井冈山转移,在途经遂川县大汾时遭到了当地反动地主武装的袭击。经过一番激烈的战斗后,部队战士十分疲惫和饥饿。这时,有的战士看到地里有红薯,便不管三七二十一就挖起来吃,很快就将一块地的红薯几乎全挖完了。毛泽东看到这一情况后,对战士们进行了批评,教育士兵们不应该在没有经过群众同意的情况下拿老百姓的东西,并叫士兵把应该赔的钱埋在红薯地里。经过这件事后,毛泽东意识到必须制定一些纪律来规范大家的行为。

10月24日,在由遂川县大汾向荆竹山转移时,毛泽东在稻田中的一块被当地群众叫作"雷打石"的石头上,宣布了三大纪律:第一,行动听指挥;第二,不拿老百姓一个红薯;第三,打土豪要归公。在颁布了这三项纪律后,部队的纪律性比以前有了很大的改观。但是部队在和群众打交道的时候,违反纪律和侵害老百姓利益的事情仍时有发生。毛泽东在了解这些情况并深入到群众中调查后,在1928年初又向战士们提出了六项注意,这六项注意是:第一,上门板(用完门板要安装好);第二,捆铺草(用完铺草要捆好);第三,说话和气;第四,买卖公平;第五,借东西要还;第六,损坏东西要赔。工农红军最初的"三大纪律六项注意"就这样诞生了。

随着井冈山革命根据地的发展壮大,军事斗争取得了几次大的胜利,俘虏了一些敌军。有些红军战士出于对敌人的仇恨,对俘虏实施了一些违反政策的行为。例如对俘虏搜身,把俘虏身上的手表和钢笔等物品搜走,还有的对俘虏进行各种体罚,有的甚至直接将俘虏杀死。这些做法受到了毛泽东的关注,毛泽东决定对"三大纪律六项注意"进行修改。毛泽东将"六项注意"补充为"八项注意",添加了"洗澡避女人"和"不搜俘虏腰包"两项。在这之后,"三大纪律八项注意"在斗争中又经过了一些调整,例如将"打土豪要归公"改成"一切缴获要归公",把"不拿老百姓一个红薯"改成"不拿老百姓一个鸡蛋"。直到1947年10月10日发布《中国人民解放军总部关于重行颁布三大纪律八项注意的训令》,这才将"三大纪律八项注意"以命令的形式固定下来,成为全军的统一纪律。

有趣的是,"三大纪律八项注意"后来被谱成了歌曲,歌曲现在都已为大家所熟知。这首歌是这样产生的:在1935年9月,红二十五军长征到达陕北与红二十六军、红二十七军合编为红十五军后,刘华清就任军团政治部宣传科长。刘华清思考如何让战士们将"三大纪律八项注意"记牢。恰巧这时,军团政治部秘书长程坦找到刘华清,表达了让刘华清将"三大纪律八项注意"谱上曲,然后教战士们唱的想法。

刘华清一听欣然同意,并想起了流行于鄂豫皖根据地的《土地革命完成了》这首歌的曲调。轻轻哼唱之后,刘华清和程坦一起向军团政治部副主任郭述申做了汇报。郭述申听了刘华清的哼唱,也觉得十分顺耳好听,于是就确定下来,并指示刊登在《红色战士报》上。歌曲《三大纪律八项注意》登报后,受到了战士们的普遍喜爱,很快就传唱开了。在1984年的洛杉矶奥运会上,中国奥运代表团进场时响起的就是这首歌。当中华台北队入场时,放的仍然是这首曲子。在主办方的安排下,这首歌在当时一定程度上还起到了拉近两岸人民心理距离的重要作用。

想要在力量处于弱势的条件下战胜敌人,战略战术的运用就成了关键性的因素。毛泽东首先提出了军队的"三大任务"。

1927年11月,红军攻占茶陵县城后,毛泽东在砻市召开会议,在会议上他总结了攻打茶陵的经验,并宣布了工农革命军的三大任务:第一,打仗消灭敌人;第二,打土豪筹款子;第三,宣传群众,组织群众,帮助群众建立革命政权。"三大任务"在井冈山斗争时期初步制定后,在抗日战争时期和新中国成立后的建设时期被不断赋予新的内涵,保证了人民军队为人民的宗旨。三大任务的制定,明确了军队政治与军事的关系,使部队的政治工作和军事斗争有了具体明确的目标,使军队形成了联系群众的优良作风,为党培养和锻炼了大批的军事、政治干部,是毛泽东对马克思主义军事学说的巨大贡献。

毛泽东还通过对工农红军战斗经验的积累,在吸收游击战术思想的基础上,集中集体智慧,逐步总结出了以"敌进我退,敌驻我扰,敌疲我打,敌退我追"为内容的红军基本战略战术原则。

"十六字诀"是毛泽东在井冈山斗争初期总结的"十二字诀"的发展。1927年秋收起义后,毛泽东率部队来到井冈山,开展游击斗争,于1928年2月攻下了茶陵、遂川、宁冈三个县城,取得了丰富的斗争经验。毛泽东在灵活运用中国古代兵家思想的基础上,吸取现实的斗争经验,提出了"分兵以发动群众,集中以应付敌人"的原则,并对部队提出"打得赢就打,打不赢就走,赚钱就来,蚀本不干"的战术。1928年1月,毛泽东在遂川召开的联席会议上第一次提出了"十二字诀",在会上他对将要举行的暴动提出了"敌来我往,敌驻我扰,敌退我追"的作战提议。这"十二字诀"就是"十六字诀"的雏形。

在这一基础上,毛泽东又吸取了朱德关于游击战争的思想,终于在1929年系统地提出了"十六字诀"。1929年4月5日,毛泽东在瑞金起草的《前委致中央的信》中对这一战术这样具体描述道:我们的战术就是游击战术。大要说来是分兵以发动群众,集中以应付敌人。敌进我退,敌驻我扰,敌疲我打,敌退我追。固定区域的割据,用波浪式的推进政策。强敌跟踪,用盘旋式的打圈子政策。很短的时间,很好的方法,发动很大的群众。这种战术正如打网,要随时打开,又要随时收拢。打开以争取群众,收拢以应付敌人。三年以来,都是用的这种战术。"十六字诀"的提出为人民军队提供了正确的战略战术思想,是党领导人民军队由弱小走向壮大、战胜国民党军队的重要保证,是中国特色革命道路的重要组成部分。

★ 革命根据地的建设对中国革命具有重要意义，毛泽东为了巩固和发展井冈山革命根据地而提出的有关根据地土地革命、政权建设、斗争策略等方面的思想，对马克思主义中国化做了有益的探索。

第一，井冈山斗争时期，毛泽东丰富了马克思主义关于土地革命的理论。

毛泽东通过对井冈山革命根据地及周边地区土地占有状况的调查发现，土地都高度集中于占人口总数极少的地主手中，与全国的农村土地状况大致相似。要改变这种状况，就必须开展土地革命。怎样着手开展土地革命是毛泽东等人当时面临的一个重要问题，因为他们当时没有多少经验可以借鉴。毛泽东在井冈山革命根据地对这一问题进行了实践上的探索，实现了井冈山地区土地革命由最初的中村试点、大陇试点，到塘边分田，再到普遍推广的良好局面。

在理论上，毛泽东总结的比较早的关于土地革命的纲领是在永新塘边制定的《分田临时纲领十七条》。这个文件规定了以乡为单位，按人口平均分配的分田标准，以及贫苦农民分好田，土豪劣绅分坏田的分田原则。《分田临时纲领十七条》为《井冈山土地法》的制定奠定了重要的基础。

塘边分田纲领制定后，经过一段时间的摸索，井冈山的土地革命事实上已经形成一套比较完整的制度，积累了相当的经验，只是还没有以法规的形式加以固定。1929年12月，毛泽东主持制定了根据地第一部土地法——《井冈山土地法》。《井冈山土地法》共9条，要点是：第一，没收一切土地归苏维埃政府所有,分配后的土地禁止买卖;第二,分配土地的数量标准:以人口和劳动力为标准,但以人口为主;第三,分配土地的区域标准:一般以乡为单位,附带以几乡和区为单位;第四,征收土地税,税率分为5％、10％、15％三等,以15％为主;第五,乡村手工业工人与红军官兵、政府工作人员可分得土地。《井冈山土地法》是党的历史上第一部对土地的没收与分配、土地的所有权、土地税的税额等许多方面做出详细规定的土地法,是毛泽东对土地革命的重要历史贡献,具有重要的历史意义。

但作为党的历史上较早的一部土地法,《井冈山土地法》仍有几点不足和错误之处。例如:在没收问题上,规定没收一切土地,而不只是没收地主的土地;在土地所有权问题上,规定所有权属于政府而不是属于农民,禁止土地买卖。

毛泽东到达赣南后,根据兴国的实际情况,吸取井冈山的经验,重新修改制定了《兴国土地法》。这部土地法将原来土地法中"没收一切土地归苏维埃政府所有"改为"没收一切公共土地及地主阶级的土地归兴国工农代表会议政府所有",并将"分配土地后,除老幼疾病没有耕种能力及服公众勤务者以外,其余的人均须强制劳动"的条款去掉。这些原则性的改动和更正是历史性的进步。1929年7月,毛泽东又主持制定了《土地问题决议案》,也称《闽西土地法》。与《井冈山土地法》和《兴国土地法》相比较,这部土地法又有新的发展,具有了更强的可操作性。这些土地法规的制定,不仅直接指导了湘赣边界的土地斗争,而且为以后中央苏区大规模的土地斗争提供了宝贵的经验,为党的土地革命路线和政策的形成做出了开创性的贡献。

第二,关于根据地建设的思想。

毛泽东对作为"农村包围城市、武装夺取政权"道路理论的一个重要部分的"根据地的建设"一直十分重视。毛泽东在选择井冈山创建革命根据地时，就基于实地考察提出了"以宁冈为大本营"的思想。

毛泽东在一份报告中指出，以宁冈为大本营，其理由有三：一是此间系罗霄山脉中段，地势较好，易守难攻；二是党在此间是由无组织进为有组织，民众比较有基础(赤卫队、赤色游击队组织)，弃之可惜；三是湘南、赣南只能影响一省并只及于上游，此间可影响两省并能及于下游。因此三个理由，我们只有用全部力量与敌人争斗，决无退却抛弃。在1928年7月时毛泽东还指出，若此刻轻易脱离宁冈，虎落平阳被犬欺，四军非常危险。后来的"八月失败"就从反面充分证明了毛泽东这一思想的正确性。

毛泽东还提出了"建立中心区域的坚实基础"的思想，这是巩固大本营的重要保证，红军要大力经营永新。根据毛泽东的观点，永新比一国更为重要。因此，在指令红军主力在永新境内进行近距离分兵、帮助地方开展土地革命、发展群众武装、建立红色政权的同时，毛泽东还亲率部队在永新塘边、夏幽等地蹲点调查，草拟分田纲领。

毛泽东还非常注意根据地的政权建设和经济斗争。毛泽东严厉批评了根据地工农兵政府内部以党代政、独断专行的现象，指出许多事情为图省便，党在那里直接做了，把政权机关搁置一边，这些现象是要避免的。党要执行领导政府的任务，但执行的时候必须通过政府的组织。由此，毛泽东从实际出发，灵活运用马克思主义的基本原理，提出了一系列政权建设的方法和理论。

井冈山斗争时期，由于敌人的封锁和军事进攻，经济上一度十分困难，有时真是困难到了极度。但毛泽东指出：这种困难，在全国总政权没有取得以前当然是不能免的,这个经济问题的相当的解决,实在值得每个党员注意。在井冈山军民的共同努力下,发挥群众集体的智慧,创造了许多经济斗争的经验,渡过了难关。此外,在根据地斗争后期,毛泽东又把建设井冈山(大、小五井)和九陇山两个军事根据地,作为边界地区党的一项重大任务,他认为在四周白色政权中间的红色割据,利用山险十分有必要。毛泽东的上述思想,对建设和巩固井冈山根据地起了重要的指导作用。

第三,关于政策和策略指导思想方面。

以毛泽东为首的共产党人在井冈山斗争的实践中,总结和概括了一整套对敌斗争的政策和策略,在《井冈山的斗争》中毛泽东归纳说,当时边界特委(毛泽东为书记)和军委(陈毅为书记)的政策是:坚决地和敌人做斗争,造成罗霄山脉中段政权,反对逃跑主义;深入割据地区的土地革命;军队的党帮助地方党的发展,军队的武装帮助地方武装的发展;对统治势力比较强大的湖南取守势,对统治势力比较薄弱的江西取攻势;用大力经营永新,创造群众的割据,布置长期斗争;集中红军相机迎击当前之敌,反对分兵,避免被敌人各个击破;割据地区的扩大采取波浪式的推进政策,反对冒进政策。因为这些策略的适当,加以边界地形的利于斗争及湘赣两省进攻军队的不尽一致,才有了4月至7月四个月的各次军事胜利和群众割据的发展。这些对敌斗争的政策和策略,集中总结了井冈山的斗争经验,是毛泽东在红军初创时期的伟大创造,对中国共产党人在后来的中央苏区军事斗争产生了重要的影响。

★ 为了在农村环境中加强党的建设,除了开展"洗党"运动外,毛泽东还强调要以马克思主义理论学说建党,在思想上建党。他在《反对本本主义》一文中,第一次明确提出了党的实事求是思想路线。

中国是一个无产阶级人数很少,农民和其他小资产阶级占人口大多数的国家。因此,建设一个具有广大群众性的、马克思列宁主义的无产阶级政党,是非常困难的。毛泽东在井冈山时就感叹在湘赣边界,党在村落中的组织,因居住关系,许多是一姓的党员为一个支部,支部会议简直就是家族会议。在这种情形下,"斗争的布尔什维克党"的建设,真是难得很。毛泽东所说"真是难得很"一语,就是在农村环境下建设党的艰辛与困难的真实体验。

与此同时,边界土客籍矛盾和各县的地方主义也严重影响着革命。这个问题边界各县都有,而以宁冈最为严重,经常因打土豪、地方政府选举等引起纷争,以致出现"土籍的党,客籍的枪"(即土籍掌握党权、客籍掌握军权)的格局,袁文才和王佐被错杀就有这方面的原因,这种情况严重阻碍了党的建设。

1928年,针对这种状况,毛泽东和边界特委在两次湘赣边界党的代表大会上进行了深刻的教育,并开展了中国共产党历史上第一次整党运动——九月"洗党"。"洗党"运动中,要求所有党员进行重新登记,进行严格的审查,清洗不坚定分子。这次"整党"在一定程度上纯洁了党的队伍,健全了党的组织。

尤为重要的是,毛泽东还提出了从思想上建党的原则,这一原则的提出是毛泽东对马克思主义建党学说的一个伟大创造和贡献。在农村根据地发展党组织要面对的一个现实就是,农民在加入共产党的同时也不免将各种非无产阶级思想带入党内。因此,毛泽东十分注意以无产阶级思想改造和克服各种非无产阶级思想。他还指出,我们感觉无产阶级思想领导的问题,是一个非常重要的问题。边界各县的党,几乎完全是农民成分的党,若不给以无产阶级的思想领导,其趋向是会出错误的。毛泽东还阐述了正确开展党内思想斗争的方法——批评和自我批评,帮助党员改正思想上、政治上、组织上的错误,加强党的组织纪律性,增强全党的战斗力。

毛泽东关于着重从思想上建党的重要思想,由于时局的变化,在井冈山还没来得及充分发挥和阐述。直到1929年12月,在福建上杭县古田村召开的红四军第九次党代表大会(古田会议)期间,才作了系统而深刻的阐发。会议通过了毛泽东起草的决议,决议的主要内容即《关于纠正党内的错误思想》一文。

这篇文章系统而深刻地阐发了党的思想建设的重要性,科学地分析了当时红军中存在的单纯军事观点、非组织观点、绝对平均主义等非无产阶级思想,找出了它们在党内存在的根源,阐明了它们的危害性,并提出了解决的办法。毛泽东从思想上建党的思想,是马克思主义建党学说同中国共产党建设的实践相结合的产物,阐明了在半殖民地半封建社会的中国加强党的建设的基本原则,开始形成了适合中国特点的加强党的建设的正确路线。

为加强党的建设,毛泽东还在《反对本本主义》一文中第一次明确提出了"思想路线"这一概念。思想路线,也叫认识路线。我们党的思想路线是党制定各个历史时期政治路线的理论基础,是正确贯彻和执行党的路线、方针、政策的保证。中国共产党确立的是一条辩证唯物主义的思想路线:一切从实际出发,理论联系实际,实事求是,在实践中检验真理和发展真理。

1929年10月,中国工农红军在赣南、闽西的斗争已得到初步发展,但是此时的共产国际仍然缺乏对中国实际的了解,指令中国共产党"必须用全部力量,去发动政治罢工,立定准备总同盟的政治罢工的方针"。中国共产党内的一些人无视中国红军的实际情况,把共产国际的指示奉为圭臬,引发了一系列的错误。

1930年3月,党中央机关刊物《红旗》上发表李立三的《论革命高潮》一文,文章指出,中国革命不需要艰苦的积蓄和准备,将会在一瞬间爆发出伟大的斗争。1930年4月3日,以李立三为首的中共中央致信红军前委,提出"现在红军的任务,不是隐蔽于农村中作游击战争,它应当积极进攻,争取全国革命的胜利",并批评毛泽东"红色割据"的主张是"极端错误"的"保守观念"。

为了反对当时党和红军中的教条主义思想,抵制中央的"左"倾错误指令,1930年5月,毛泽东专门写了一篇题为《调查工作》(即《反对本本主义》)的文章,深刻地阐述了坚持唯物主义的思想路线、坚持理论与实际相结合原则的重要性,表现出极大的首创精神与理论勇气。毛泽东在《反对本本主义》中,阐明了三个基本观点。

第一,没有调查就没有发言权。毛泽东在文章中说,你对于某个问题没有调查,就停止你对于某个问题的发言权。你对那个问题的现实情况和历史情况既然没有调查,不知底里,对于那个问题的发言便一定是瞎说一顿。许多的同志都成天地闭着眼睛在那里瞎说,这是共产党员的耻辱,岂有共产党员而可以闭着眼睛瞎说一顿的吗?为此,毛泽东大声疾呼:要不得!注重调查,反对瞎说!他精辟地指出,离开实际调查就要产生唯心的阶级估量和唯心的工作指导,那么它的结果,不是机会主义,便是盲动主义。必须努力作实际调查,才能洗刷唯心精神。

第二,反对本本主义。毛泽东指出,以为上了书的就是对的,文化落后的中国农民至今还存在这种心理。不谓共产党内讨论问题,也还有人开口闭口"拿本本来"。不根据实际情况进行讨论和审察,一味盲目执行,这种单纯建立在上级观念上的形式主义的态度是很不对的。他十分坚定地认为,我们的斗争需要马克思主义,马克思主义的本本是要学习的,但是必须同我国的实际情况相结合。我们需要本本,但是一定要纠正脱离实际情况的本本主义。

第三,中国革命斗争的胜利要靠中国同志了解中国情况。毛泽东认为,无产阶级要取得胜利,就完全要靠它的政党共产党的斗争策略的正确和坚决。共产党的正确而不动摇的斗争策略,绝不是少数人坐在房子里能够产生的,它是要在群众的斗争过程中才能产生的,这就是说要在实际经验中才能产生。最后毛泽东在批评党内一些教条主义者时说:"那些具有一成不变的保守的形式的空洞乐观的头脑的同志们,以为现在的斗争策略已经是再好没有了,党的第六次全国代表大会的本本保障了永久的胜利,只要遵守既定办法就无往而不胜利。这些想法是完全错误的,完全不是共产党人从斗争中创造新局面的思想路线,完全是一种保守路线。"

在这里,毛泽东第一次使用了思想路线的新概念,明确提出了中国共产党的理论与实际相结合、实事求是、一切从实际出发的思想路线的基本思想。这是毛泽东对马克思列宁主义的重大发展。这条"从斗争中创造新局面的思想路线"的提出,标志着中国共产党在思想、政治上已经开始成熟。这条"从斗争中创造新局面的思想路线"的萌生与提出,显示了毛泽东等老一辈革命家巨大的理论勇气和革命的首创精神。

总之,井冈山革命根据地的斗争经验是极为丰富的。以毛泽东为代表的中国共产党人在井冈山开创了中国第一个农村革命根据地,建立了第一支中国工农红军,颁布了中国共产党历史上的第一部土地法,开展了中国共产党历史上的第一次"整党"运动,诞生了湘赣边界第一个工农兵红色政权等,在井冈山斗争后期,还第一次提出了党的思想路线。这一个个"第一",无不蕴含着毛泽东等老一辈革命家敢为天下先的大无畏创新气概,标志着中国共产党人"从斗争中创造新局面"的伟大成功。

第三章

依靠群众、勇于胜利

依靠群众、勇于胜利，是井冈山精神的基石。

马克思主义唯物史观认为，人民群众是社会实践的主体，是历史创造者，是社会发展的主要动力。这就要求我们充分尊重群众，努力实现人民群众的利益，依靠群众的力量来推动革命向前发展，推动历史的进步。井冈山斗争时期，反动势力猖獗，在党和红军面临巨大困难的情况下，如果不发动群众参加斗争、不依靠群众，革命就难以进一步向前发展。

密切联系群众是中国共产党的"三大优良作风"之一，是党最大的政治优势，是党永远立于不败之地的根本保证。只有密切联系群众，团结依靠群众，实现好、发展好、维护好最广大人民群众的利益，才能把党和人民的伟大事业不断推向前进，争取新的胜利。

井冈山斗争时期，党和红军在恶劣的斗争条件下，始终与人民群众同甘共苦，真心实意为老百姓谋利益，始终把人民群众的利益放在第一位，努力解决人民群众最直接、最现实的问题。党和红军始终做到了代表广大人民群众的利益，这就使得人民群众真心实意地拥护党，并紧密团结在党的周围，铸就了一道牢不可破的军民团结的钢铁长城，打破了敌人对根据地的数次"进剿"和"会剿"。

第一节 真心实意为群众谋利益

中国共产党不仅是中国工人阶级的先锋队,还是中华民族和中国人民的先锋队,是一个代表最广大人民群众利益的无产阶级政党。中国共产党人除了工人阶级和广大人民群众的利益外,从来没有自己的特殊利益。党的一切工作都是围绕着全心全意为人民服务这一宗旨展开的。在井冈山斗争时期,中国共产党始终把充分实现好人民群众的利益作为一项重大的任务,全心全意为群众谋利益。

通过领导武装斗争摧毁了边界各县的反动政权后,党在边界各地建立了人民政权。农民在边界各县苏维埃政府的领导下开展挖浮财运动,增加了收入。为了进一步推动土地革命,边界政府颁布了《井冈山土地法》,成立土地委员会,派出工作队指导并帮助农民分田,为分田提供了组织和人力上的保障。除颁布相关政策保证农民的利益之外,毛泽东、朱德等领导人还带头吃苦,与群众打成一片,时常关心和解决人民群众在生产生活中的实际问题。

★ 根据地建立后,茶陵、遂川、宁冈等县相继建立了工农兵政府。边界各县红色政权建立后,积极开展打土豪、分浮财的游击暴动,使农民得到了最直接和最现实的利益,进一步推动了根据地的发展。

毛泽东与袁文才在大仓会见后,开辟井冈山革命根据地的想法得到了袁文才的肯定和支持。1927年10月7日,毛泽东率领部队开到茅坪。在茅坪安家后,注重实际调查的毛泽东积极地对湘赣边界的几个县进行了考察,初步了解了边界的情况,为边界各县红色政权的建立提供了重要的帮助和指导。

茶陵县工农兵政府的建立。 1927年10月下旬,毛泽东闻知茶陵县守敌空虚后,决定攻打茶陵,以扩大革命影响。21日上午,宛希先率部队开始攻打茶陵县城。宛希先命令部队化装成国民党士兵的模样,国民党士兵疏于防范并没有识破工农革命军的伪装,因此很快就被缴了械。工农革命军进入县城后,县内的反动官吏和地主豪绅惊慌失措,纷纷望风而逃。工农革命军战士砸开监狱,救出了被捕的工农革命同志,查抄了反动县长的财产,张贴了工农革命军的布告。取得胜利的当天下午,宛希先就率部队离开茶陵回到了宁冈。经过这次攻打,工农革命军的影响明显扩大,鼓舞了茶陵的农民群众。工农革命军的武装斗争使得原来飞扬跋扈的地主豪绅感到了深深的恐惧。

11月18日,工农革命军开始对茶陵进行第二次攻打。敌军慑于工农革命军的力量闻风而逃。工农革命军顺利地进入城内,并建立了茶陵县人民委员会。茶陵县人民委员会建立后，旧军队出身的团长陈皓享乐主义思想复发，他不带领群众去打土豪筹款子，反而不顾军纪整天吃喝嫖赌，这使得对新政权抱着希望的群众对茶陵县人民委员会大为失望。

宛希先在目睹茶陵县人民委员会的弊端和陈皓的行为后，写信向毛泽东报告。毛泽东收到信后，立即指示宛希先成立工农兵政府并将群众充分发动起来。1927年11月28日，在宛希先、谭震林等人的筹备下，井冈山革命根据地第一个县级工农兵政权——茶陵县工农兵政府成立了。

茶陵县工农兵政府成立后，颁布了《茶陵县工农兵政府布告》，号召全县群众行动起来，恢复工会、农会，建立基层政权，惩治土豪劣绅。紧接着，茶陵县工农兵政府派出工作队帮助农民建立区、乡工农兵政府，发动群众与土豪劣绅进行斗争。广大农民在工农兵政府的吸引和号召下纷纷投身革命，建立了纠察队和赤卫队，茶陵县的革命斗争形势一步一步发展起来。

遂川县工农兵政府的建立。1928年1月2日，毛泽东率领工农革命军离开宁冈砻市去往遂川。1月5日，工农革命军在行进途中遭到了遂川大地主萧家璧反动武装的抵抗，但这股反动势力很快就被工农革命军击败了。遂川县城内的反动守敌听到萧家璧被击溃的消息，对工农革命军十分恐惧，弃城而逃，工农革命军不费一枪一弹就占领了遂川。

当工农革命军进入遂川县城后，城内冷冷清清，毛泽东通过与群众交流才知道这是由于反动派对工农革命军进行污蔑而造成的。为此，毛泽东命令部队深入到群众中去，经过一番努力，群众渐渐了解了党和红军的主张，县城的商业和手工业又恢复起来。毛泽东为使群众对党的各项政策更加熟悉和了解，指示陈正人起草一个遂川县工农兵政府施政纲领。1928年1月24日,遂川县工农兵政府成立大会在遂川县城李家坪召开。大会宣布了由陈正人起草、毛泽东修改定稿的《遂川县工农兵政府临时纲领》,大会还宣布了遂川县工农兵政府的组织机构。

遂川县工农兵政府成立后,各项工作要开展起来面临着不少的困难,尤其是如何将群众充分发动起来。当时任遂川县委书记的陈正人在后来回忆"游击暴动"时说,发动群众有一个过程,是十分艰苦的工作。开始还不能分田地,因为一则情况还不了解,二则群众还不敢要。为了发动群众,工农兵政府1927年冬就组织搞年关斗争,那时快要过年了,正是地主逼债的时候,许多农民被逼得家破人亡。我们利用这个机会,搞年关暴动,废除债务,焚毁契约,没收土豪财物和粮食,分给贫苦农民。那时土豪往往把钱藏在窖子里,有的土豪家里还有夹墙,金银珠宝都藏在夹墙里,只有在他家做过长工的农民才知道。在这种情况下,没有农民群众的帮助,我们是无法找到的。所以,干革命很重要的一条就是群众觉悟了没有,群众拥护了我们没有,群众运动有没有和主席思想结合起来。没有这一条,一切都没有。

当年参加遂川草林游击暴动的谭政回忆说,那里的土豪劣绅把东西藏在夹墙里头,我们就把夹墙打开,将东西分给群众。开始群众有点害怕,不敢要,常跟在红军后面,你走到哪里,他也走到哪里。开始我们也没有经验,由军队包办,把谷子发给群众,送去也没人要,因为群众害怕。毛泽东同志批评了,说这是包办式的、恩赐式的。后来就发动群众,打开仓库让群众自己去挑,群众很感动。部队在遂川过年时,群众编了歌谣:过新年,过新年,你拿斧子我拿镰,打倒萧家璧,活捉罗普权!

陈正人和谭政对当时情况的回忆其实反映了整个根据地的普遍情况,如何启发农民群众的阶级意识和斗争觉悟是一个普遍的难题。陈正人和谭政在遂川县积极开展群众工作,通过游击暴动使农民得到了现实的利益,启发了群众的觉悟。因此遂川工农兵政府领导下的"游击暴动"得到了毛泽东的表扬。

宁冈县工农兵政府的建立。1928年2月,湘赣敌军对井冈山革命根据地进行了第一次"进剿"。根据地军民团结一心,部队取得新城大捷,粉碎了敌军对根据地的第一次"进剿",为井冈山革命根据地的发展奠定了坚实的基础。

1928年2月21日清晨,宁冈县砻市沙洲广场人山人海,数万农民从各地赶来,参加宁冈县工农兵政府成立大会。大会决定由在新城战斗中活捉反动县长张开阳的农民文根宗任县长,同时成立以龙超清为书记的中共宁冈县委。农民出身的文根宗任县长这一消息使得宁冈县农民大为振奋,认为这个工农兵政府确实是为实现他们的利益而建立的。宁冈县工农兵政府也没有辜负群众的期望,带领和组织人民群众进行了游击暴动,打击了地主势力。宁冈县工农兵政府成立后,宁冈各区和各乡的工农兵政府也相继建立,领导群众开展了一系列工作。

湘赣边界工农兵苏维埃政府的成立。1928年5月20日,中共湘赣边界第一次代表大会在宁冈茅坪的谢氏慎公祠召开。宁冈、永新、莲花、遂川等县及红四军的代表参加了会议。会议总结了井冈山革命根据地半年来的经验教训,讨论、制定、巩固和发展了根据地的政策,讨论了如何深入土地革命问题。边界一大召开后不久,湘赣边界工农兵苏维埃政府于1928年5月底在茅坪成立,由袁文才任主席。湘赣边界工农兵政府下设军事、财政、土地、司法、青年、妇女部以及工农运动委员会。边界苏维埃政府成立后,积极动员群众开展了一些深得民心的工作。

第一是打土豪、分浮财。打土豪、分浮财是发动群众的有效方法。

在打土豪的过程中,边界工农兵苏维埃政府将政治斗争和经济斗争结合在一起。主要是通过两个步骤来开展打土豪运动的。一是召开清算土豪劣绅的群众大会。农民在大会上诉说土豪劣绅的剥削罪行,工农革命军当众烧毁契约,宣布废除债务和取消各种苛捐杂税。开群众大会的方式,调动了农民的革命积极性,在农民高涨的热情下,土豪劣绅慑于革命威势而不敢反抗。二是分浮财。具体做法是:将土豪劣绅的谷仓打开,让农民去挑粮;把土豪劣绅养的猪杀掉,将肉分给农民;没收土豪劣绅的衣物、用品等,发给农民。分浮财易于让农民看到革命给自己带来的直接利益,使得农民群众很快就被发动起来了,更加信赖共产党和工农革命军。

第二是对土豪劣绅进行罚款。根据土豪劣绅的罪行和财力的大小,对其酌情处罚,少则几百块银圆,多则上千块银圆。这种措施,一方面可以为工农红军筹得款项,另一方面又可以打击土豪的嚣张气焰,工农革命军和广大农民的士气受到极大的鼓舞。通过对土豪劣绅罚款,农民开始深刻意识到,封建土地占有制是广大农民群众受压迫、受剥削的根源,要使自己摆脱被压迫、被剥削的地位,就必须推翻封建土地占有制,坚决地实行分田。

第三是处决恶霸。井冈山斗争时期没有完全执行"左"倾的错误路线,盲目地扩大烧杀面。在当时的情况下,适当地将少数对群众剥削十分严重的恶霸进行处决,可以对地主产生震慑作用,是打击土豪劣绅反动势力、增强农运声威的有效方法之一。

★ 对边界土地占有情况的调查使毛泽东更加意识到分田的紧迫性。"深入割据地区的土地革命"方针提出后,分田运动紧张开展起来。边界

政府还颁布了《井冈山土地法》,用法律保护农民的利益。

中国人民的革命战争,实质上是共产党领导的农民战争。农民占中国人口的绝大多数,农民的向背关系着革命的成败。毛泽东是最早关心农民问题、最早提出农民问题重要性的党的领导人之一。他出生在农村,对农民的疾苦有切身的体验和深刻的了解。他亲自主持了广州和武汉农民运动讲习所,为农民运动培养了大批骨干。他首先提出,中国无产阶级的最广大和最忠实的长期的直接同盟军是农民。这样就解决了中国革命中最主要的同盟军问题。

帝国主义、封建主义和官僚主义是压在中国农民头上的三座大山,广大百姓生活在水深火热当中。工农革命军在毛泽东的带领下,对湘赣边界的土地情况做了大量的调查研究,并开展了宣传、发动群众的工作,对边界的阶级状况和土地占有情况有了较为全面的把握。江西方面,遂川的土地最集中,约百分之八十的土地是地主的。永新次之,约百分之七十的土地是地主的。万安、宁冈、莲花等地自耕农较多,但地主的土地仍占多数,约百分之六十,农民的土地只占百分之四十。湖南方面,茶陵、鄜县两县均有约百分之七十的土地在地主手中。广大农民生活贫困的经济根源,就是这种极端不平等的土地占有制度。因此铲除封建的土地所有制关系和剥削制度,既是农民的要求,也是中国民主革命的主要内容。我们的党和军队就必须通过解决土地问题,把广大农民动员和组织起来,建立农村革命根据地。用武装斗争保障土地革命和根据地建设,又以土地革命和根据地建设支持武装斗争,这三者的紧密结合就是工农武装割据。

毛泽东还亲自深入到宁冈坝上,就地搞调查研究,写下了《宁冈调查》。在毛泽东等人的领导下,宁冈、永新、茶陵、遂川等地,特别是遂川、永新两县进行了多次打土豪游击暴动。毛泽东在遂川黄坳区工农兵政府成立大会上用生动的比喻说明了打土豪的意义。他一手拿着一只碗,一手拿着一只杯子,说:过去是杯子盖着碗,现在要翻过来,碗要盖着杯子。打土豪好比砍大树,砍倒了大树就有柴烧,打了土豪就有饭吃、有衣穿。

1927年1月至1928年2月,毛泽东领导工农革命军在边界各县进行了多次打土豪、分浮财的游击暴动,奠定了边界土地斗争的坚实基础,为在革命根据地内普遍开展分田运动提供了宝贵的经验。3月,工农革命军在鄗县水口、桂东沙田、宁冈大陇等地进行了分田的尝试,取得了初步经验。

湘赣边界党的一大提出"深入割据地区的土地革命"方针后,各地都深入开展土地革命,掀起了湘赣边土地革命的高潮。边界各地的分田行动由于缺乏经验,在具体的步骤和方法上有所不同,但是各地的方法总结起来主要有以下三项。

一是成立负责分田的领导机构土地委员会。各县、区、乡工农兵苏维埃政府都设立了土地委员会,由工农兵代表大会选举产生委员,一般有5到7名委员,均为贫雇农。县、区、乡苏维埃政府讨论分配土地问题时,由土地委员会研究,提出具体分配方案。土地委员会的设立,有利于协调分田中出现的矛盾和问题,进一步保证分田的公平性,为边界各县的分田工作提供了强有力的组织保证。

二是宣传分田道理。生活在农村的广大农民群众,长期受封建地主豪绅的压迫和"生死有命富贵在天"封建思想的束缚。所以,在一开始的时候,边界各县的分田工作的开展并不是很顺利,农民的积极性也不高。

为了讲清分田的道理,提高农民参与分田的积极性,土地委员会进行了大力宣传。宣传的方法大体上是先由革命战士深入各乡村进行个别和小范围的宣传,然后召开群众大会进行宣传。通过宣传力图使广大农民明白,田是农民开垦的,应该属于农民,地主豪绅不得占有土地、剥削农民。与此同时,还在群众大会上焚毁了地主的田契和高利贷债约。

三是抽调干部下乡指导分田。井冈山地区开始全面分田时,分田的工作人员因为没有经验而遇到了一些困难。边界党组织因此抽调了一大批红军干部,分别深入到宁冈、永新、遂川、莲花等县的区、乡、村,发动群众,武装保护,掌握政策,指导分田。这对动员群众搞好边界分田起到了非常重要的作用。

曾参加宁冈分田的老红军王紫峰回忆说:那次一共从军队抽调了20多人,都是些有文化的年轻人。抽出来时,陈毅同志讲了话,说是抽到宁冈去,帮助分配土地。到了宁冈,我们这些人就分散行动了,我到葛田村帮助分田。在乡里成立了一个土地调查委员会,登记土地、人口。土地有好有坏,不好打乱重新分配,但是发现了隐瞒土地的现象,就必须打乱重新分配。当时对"抽肥补瘦"还不懂,我们没收地主的土地,分给没地或少地的农民。以一个大村为单位,按人口平均计算需要多少土地,在这个范围内调整补足。地主的土地全部没收,富农的土地没收多余部分。分好了,就登记地名、亩数和归谁使用,然后插牌子。插好牌子,就召开庆祝土地分配胜利的大会,把旧田契烧掉。我们在葛田村帮助农民分配土地时,每人分了三亩多田。

在分田地的原则方面,经过边界各地调查和实践的探索后,确立了一系列分田地的原则。

第一,是确定了以乡为单位分配土地的原则。分配土地时,最先面对的一个问题是以什么区域为单位来进行分配。由于没有经验可供参考,所以有的地方以区委为单位来分配,有的地方以村委为单位来分配,各地的分配单位各不相同。

湘赣边界特委副书记陈正人回忆说:原先以村委为单位来进行分配,实践证明,这个办法是不好的,是容易为地主、富农所利用的,他们利用姓氏宗族的封建观念蒙蔽农民,造成假分田。此外,村庄有大有小,大的村庄往往地主多,土地也多,而且好的土地多,这样分配土地时,好的土地还是落在地主、富农手里,小村庄的农民群众仍旧种贫瘠的土地。地主、富农利用封建宗族观念,制造矛盾,挑起姓氏冲突(往往一个村庄一个姓氏),挑起村庄与村庄之间的斗争。这样就不利于农民之间的阶级团结,不利于打破姓氏界限,所以,后来改为以乡为单位来分配土地。实践证明,这个办法是比较好的。针对以村为单位进行分田出现的种种弊端,确定了以乡为单位进行土地分配的原则。

第二是确定了按人口平均分配土地的原则。按照人口还是劳动力来分配土地的问题,在当时引起了激烈的争论。当时虽然中央要求按劳动力为标准来分田,但实际上分田还是按人口来分配的,而且实践也证明这样的分田标准是符合广大贫苦农民利益的。

第三是确定了以原耕为基础,好坏搭配分配土地的原则。边界政府根据土地的肥瘦,把富农的好田抽出来补给贫雇农。"抽肥补瘦"的原则,满足了贫雇农的土地要求,极大地调动了广大贫雇农的革命热情。

在实际的分田过程中,也遇到了不少阻力。毛泽东在《井冈山的斗争》中就指出:当革命初期,中间阶级表面上投靠贫农阶级,实际则利用他们从前的社会地位及家族主义,恐吓贫农,延宕分田的时间,到无可延宕时,即隐瞒土地实数,或自据肥田,把瘠田让人。此时期内,贫农因长期地被摧残及感觉革命胜利无保障,往往接受中间阶级的意见,不敢积极行动。必待进至革命高涨,如得了全县甚至几县政权,反动军队几次战败,红军的威力几次表现之后,农村中才有对于中间阶级的积极行动。如永新南乡,是中间阶级最多的地方,延宕分田及隐瞒土地也最厉害。到六月二十三日龙源口红军大胜之后,区政府又处理了几个延宕分田的人,才实际地分下去。① 可见,对待分田中出现的阶级斗争,必须依靠红军的力量对各种破坏分田的活动进行坚决的打击,以维护广大农民群众的利益。

1928年5月上旬、5月底和6月下旬,毛泽东到永新夏幽塘边村,前后待了40余天,深入实际,调查研究,领导分田,总结经验,亲自制定了《分田纲领十七条》。陈正人回忆说,在井冈山时,永新的土地革命经验最丰富。由于永新人口多,分田地区也较大,毛泽东当时亲自领导第三十一团、第二十八团和第二十九团,在永新集中力量搞了一个多月,创造了永新的工农武装割据。永新是毛泽东亲自领导树立的湘赣边界土地革命的样板。

1928年12月,根据共产国际和党中央指示精神,边界党总结根据地人民进行土地斗争一年来的经验,制定颁布了《井冈山土地法》。《井冈山土地法》是一部比较完备、比较成熟的土地法,以法律的形式保证了农民的利益,体现了党为人民群众谋利益并对方针政策进行不断探索改进的精神。

★ 毛泽东、朱德等人对关乎根据地群众切身利益的问题,一点也不疏忽,一点也不看轻,他们在解决人民群众的日常生活困难方面给根据地

---

① 《毛泽东选集》(第一卷),北京:人民出版社,1991年版,第69页。

的党员战士树立了榜样，留下了一个个感人的故事。

在井冈山斗争时期，毛泽东在《关心群众生活，注意工作方法》中就提出，对于广大群众的切身利益问题，一点也不能疏忽，一点也不能看轻。党和红军为广大群众谋利益，就应从关心和解决人民群众日常生活中的疾苦和痛痒开始做起。毛泽东、朱德等党和红军领导人非常注意群众的生活状况，努力帮助群众解决困难，留下了一个个感人的故事。

毛泽东大井访贫的故事

1927年10月底的一个傍晚，毛泽东独自一人来到大井村的一个姓邹的老表家里。邹老表看见屋里走来一位身材高大魁梧、穿件蓝布长褂的客人，就和气地和毛泽东打了招呼，但他这时并不知道进来的人就是毛泽东。邹老表热情地搬过一条长凳让毛泽东坐下，邹大嫂则从灶屋端来一碗热茶，送到他面前。毛泽东双手接过茶碗，随即向他问起村里哪些人家最贫苦、生活情况怎么样，邹老表都一五一十回答了。毛泽东和邹老表坐在一条板凳上，越说越亲热，越说话越多。当讲到农民为什么这么穷的问题时，邹老表说："往年土豪劣绅把我们的血都吸干了。我屋里没有牛，全家大人仔细拉犁耕田，寒冬腊月打赤脚。一年累到头，收下几担谷，又是这个租，又是那个税，还有蛮多说不出名的派款，辛苦一年，只落得个箩底朝天。"

毛泽东点点头后给邹老表讲出了其中的道理。农民之所以穷，不是天生的命苦，而是因为有帝国主义撑腰的国民党反动派、土豪劣绅的压榨。工农如果不彻底推翻他们的统治，就永远不得翻身。现在井冈山周围虽然红了，可全国还有几万万人民正在受苦难。共产党就是要带领工农闹革命,让全国都红遍。

当邹老表问毛泽东如何才能使农民打倒地主,使革命红遍全国时,毛泽东回答说无产阶级要革命,要翻身求解放,就必须团结起来。他顺手从桌上拿起几根竹筷子,比画着讲,像这筷子,一根一根的,一折就断了。如果合成一把,就不那么容易断了。毛泽东的回答使邹老表豁然开朗,他知道与他聊天的是毛泽东时,感动万分。从此,毛泽东和邹老表的谈话就传遍了全村,使群众知道了毛泽东所率领的共产党和红军是关心群众生活的,更重要的是,农民从毛泽东的话中认识到只有联合起来才能使自己过上更好的生活。

毛泽东送棉衣的故事

由于国民党反动派对井冈山革命根据地进行层层封锁、重重围困,根据地军民的生活十分艰苦,因此时至寒冬,很多工农革命军的干部战士和根据地群众仍然没有棉衣穿。毛泽东当时住在茅坪附近的洋桥湖,他和大家一样,睡的是用一块旧门板搭成的床,床上只铺着一条薄薄的线毯,身上只穿了几件单衣。晚上办公时,冷得受不住了,他便把床上的那条线毯拿起来披在身上。战士们知道这个情况后心里十分难受,就一次次送来棉衣要他穿上,但是毛泽东坚持要等大家都领到棉衣后,他才领发给他的棉衣。这天,桃寮红军被服厂又送来了一批棉衣,司务长便送了一件到毛泽东屋里。

毛泽东的房东叫谢槐福,是一个贫苦农民,没有棉衣穿,下地做事的时候只穿一件单衣。毛泽东在了解到谢槐福的情况后,便几次叫谢槐福把自己的棉衣穿上,但是谢槐福看到毛泽东也是穿着一身单薄的衣服,始终不肯收下。有一天,天气骤冷,纷纷扬扬下了一夜雪。这天早上谢槐福在屋檐下舂米,寒冷的天气冻得他直发抖。毛泽东看见后，便回到屋里，把发给自己的那件新棉衣拿出来，又一次送到谢槐福手里，叫他穿上。谢槐福手捧新棉衣，两行热泪不禁夺眶而出。

谢槐福感动地说道："毛委员，你只看到我冷，咋不知道自己也冷？你操劳着大事，让你受冻，我怎么过意得去？"毛泽东告诉谢槐福说他已经习惯了，硬是不容谢槐福再推托，还帮谢槐福把纽扣扣上。当谢槐福回到屋里，他妻子看到他穿上了毛泽东的棉衣后，很是生气，还把他责备了一番。谢槐福委屈地说，他是实在推托不了，并且不想冷了毛委员的一片好心，才不得不把棉衣穿上。他的妻子明白这一情况后，便决定将自己昨天挑来的木炭和火盆送给毛泽东。

第二天谢槐福和妻子便挑着木炭往毛泽东的住处赶去。毛泽东见他们把木炭挑过来，便对他们说："槐福，你怎么把火盆木炭送到这里来了？你家孩子多，快拿回去吧！"谢槐福见毛泽东不收木炭，便急了起来，他对毛泽东说道："不收木炭，我就把棉衣还给你。"说着，便去解扣子。毛泽东按住他的手，笑着答应收下，并从衣袋里掏出钱塞给谢槐福。谢槐福两手推让着，说什么也不肯收。毛泽东便把钱塞进他的棉衣口袋，并说明公买公卖是部队的纪律。谢槐福又一次被说服了，只好答应收下，可他把钱掏出来一数，却发现多了一倍。当他准备把多余的钱退还给毛泽东时，毛泽东摇摇头对他们夫妻俩说："你们烧炭很辛苦，这点钱不能算多。"

半个月后的一天，毛泽东找到谢槐福问他还有没有木炭，谢槐福以为毛泽东需要木炭便连忙答有，立即上楼拿下一担。他刚准备帮毛泽东挑过去，毛泽东却掏出钱，放在桌上。等谢槐福捡起钱准备还给毛泽东时，毛泽东却已经挑起木炭走了。谢槐福赶到毛泽东的屋里，不仅没见到毛泽东，而且连那个木炭盆也不见了。原来，毛泽东将木炭盆和木炭都送给了村里的魏殿娘。毛泽东经常访贫问苦,对村里各家的情况,心里十分清楚。所以当他知道年高体弱的魏殿娘一贫如洗,没有炭火难过冬后,就把木炭盆和木炭送给她了。这时毛泽东估计上次给她的木炭快烧完了,便到谢槐福家去买来一担给她送去。魏殿娘知道事情的原委后,感动得流下了泪水。

除了毛泽东,作为军长的朱德,尽管军务繁忙,可一刻也没忘记群众。

1928年10月的一天,朱德带着军部几个战士,身背斗笠,脚穿草鞋,从茨坪来到桐木岭下的坳下乡,了解地方武装情况。他走进坳下乡暴动队老铁匠丁长根的屋里,看到老铁匠的床铺上只有一条破草席,盖的是一件蓑衣时,便觉得十分心酸。经过询问后朱德知道老铁匠患有关节炎,家里仅有的一条夹裤让参加赤卫队的儿子穿走了。几天后,朱德吩咐随行人员把军部发给他的一条夹裤托人带给了老铁匠。老铁匠接到夹裤后,激动地对人说:"朱军长真是爱民啊!"

又有一次,朱德率领红28团在碧州村开展工作。他带着一个通信员来到山中的一个茅棚前,敲了几下门,但是没有人来开门。等过了许久,才见一个手拄拐杖的老人出来。朱德见老人两脚摇摇晃晃的,问道:"老人家,你病了?"老人对朱德说他没事,但在朱德的追问下老人终于说出了实情。由于敌人实行严密的经济封锁,食盐奇缺,他已有六个月没吃盐了,因此患了脚肿病。第二天,受到朱德派遣的通信员给老人送去一包硝盐。老人深受感动,眼含热泪,但是再三推辞,不肯接受。通信员就说:"收下吧,老人家。朱军长说了,我们红军与群众有盐同咸,无盐同淡。这是朱军长交给我的任务啊!"老人听说盐是朱德送来的,手捧食盐深情地说:"朱军长,你带那么多兵,管那么大的事,还把我们穷人家缺盐这种小事,时刻放在心上啊!"

红军是人民的子弟兵,人民是红军的衣食父母。从井冈山斗争时期开始,党和红军就一直在"真心实意地为群众谋利益",因而深深地扎根于人民群众的沃土里。红军主力下井冈山后,仍然保持和发扬了这一传统。毛泽东后来在中央苏区总结经验时说:"要得到群众的拥护吗?要群众拿出他们的全力放到战线上去吗?那么,就得和群众在一起,就得去发动群众的积极性,就得关心群众的痛痒,就得真心实意地为群众谋利益,解决群众的生产和生活的问题,盐的问题,米的问题,房子的问题,衣的问题,生小孩子的问题,解决群众的一切问题。我们是这样做了么,广大群众就必定拥护我们,把革命当作他们的生命,把革命当作他们无上光荣的旗帜。"[1]

"真心实意地为群众谋利益"是毛泽东在井冈山和中央苏区的一句名言。苏维埃政府干部正是遵循毛泽东的这一教诲,切实解决广大群众生产和生活中的实际问题,才赢得了人民群众的真心拥护。人民群众才发自内心地说:共产党真好,什么事情都替我们想到了。

---

[1] 《毛泽东选集》(第一卷),北京:人民出版社,1991年版,第139页。

第二节　党政军民鱼水情深

在井冈山斗争时期,中国共产党始终以全心全意为人民服务为宗旨,为群众谋取了许多直接和现实的利益。党与群众之间形成了血肉相连的党群关系,红军和群众形成了生死与共的军民关系,红军内部也建立了亲密无间的官兵关系,完全消除了旧军队的军阀作风。

在党的关心和红军的帮助下,群众的生活比以往有了一定的改善,人民群众也因此衷心地拥护共产党,积极加入红军、参加战斗,有的还为保护党组织而献出了自己的生命。红军战士英勇杀敌,为保卫根据地不惜牺牲的精神感染了边界的群众。在红军要下山而去的那一刻,群众夹道送别,盼望红军早日回来。党政军民之间的这种情感,是在革命战争年代形成的一种最为纯洁、最为高尚的情感,是我们党和军队的宝贵精神财富。

★ 以毛泽东为代表的中国共产党人在井冈山走出了一条群众路线，人民群众通过亲身的经历切实体会到了共产党给他们带来的利益，从而发自内心地支持和拥护党，二者之间形成了一种血肉相连的情感。

群众路线，是党的根本政治路线，也是党的根本组织路线。保持党同人民群众的血肉联系是党永远立于不败之地的根本保证，是党和红军在井冈山革命根据地克服重重困难最终走向全国革命胜利的保证。井冈山斗争时期，党十分注意和群众保持密切的联系，维护群众利益，为群众路线的形成奠定了基础。

以毛泽东为代表的中国共产党人，非常重视密切联系群众。曾任遂川县委书记的陈正人在回忆井冈山斗争时期的党群关系时就说，毛泽东同志非常重视党要密切联系群众的问题，上了井冈山后，他更注意这方面的工作，直至后来甚至把人民群众奉为"上帝"。当时地方党组织与群众有非常密切的关系，与群众血肉相连，共渡难关。在政治上、生活上，都和群众打成一片，有高度的民主，干部和群众之间没有什么界限，看不出干部和群众有什么差别。共产党这种和群众密不可分的关系，在之后立下了汗马功劳，面对敌人多次重兵"围剿"，国民党虽以数倍于我之力，不但不能破坏此割据，亦不能阻止此割据的发展。可见，在那么艰苦险恶的岁月里，党作为一个整体，能够深入地联系群众，走群众路线，扎根于人民群众的沃土之中，真正与人民群众休戚与共，同舟共济，血肉相连，是非常具有凝聚力和吸引力的。

群众路线是党的生命线，是我们党遵循马克思主义历史唯物主义原理，在长期的斗争中形成和发展起来的。这条路线是从井冈山走出来的。1928年10月，李立三第一次使用了"群众路线"的概念后，毛泽东和朱德便在井冈山上经常提起。1929年9月《中共中央给红四军前委的指示信》中,在讲到筹款工作时,强调不要由红军单独去干,而要经过群众路线。12月,毛泽东在红四军第九次代表大会决议中指出,党对军事工作要有积极的注意和讨论,一切在党的讨论和决议之后,再经过群众去执行。

因为当时战斗频繁、条件艰苦,所以军队和地方的党组织都采取小型灵活的方法组织培训党员,毛泽东、朱德、陈毅、彭德怀等领导还经常给学员们上课。老红军王紫峰还记着当时上课的大纲:为团体努力,做群众导师,到群众中去,到反动荆棘中去。不畏难、不怕死、不爱钱、为主义而牺牲。在共产主义的标题下记着:废除资本主义制度,达到共产主义社会。在支部工作的一栏写着:做团体耳目,群众导师,同志的先驱,同志的教师,核心中之核心。虽然是短期培训,但效果却很好,使党员懂得了党的性质、宗旨和任务,懂得了为天下劳苦大众的翻身解放而革命的道理。

老百姓说共产党好,并不只是从《共产党宣言》中看到的,而更多的是从一个个党员的实际行动上深深感受到的。井冈山斗争时期,从毛泽东到普通党员,都不惧辛苦,永远奋战在前线。在一次行军中,毛泽东的脚早被草鞋磨得血肉模糊,别人给他送来滑竿(两根长棍绑一张竹椅),他拒不接受,硬是让给了一名受了伤的普通士兵,坚持与部队一起跋山涉水。在新七溪岭战斗中,朱德和陈毅冲锋陷阵,朱德的帽子都被打掉了,万分着急的战士们都劝他俩先隐蔽一下,但他们指挥若定,毫不在乎。宁冈县苏维埃政府主席谢玉衡,当敌人包围了村庄时,为了保护乡亲们免受杀害,挺身赴死。

在这种忘我精神的感召下,人民群众也不怕任何艰险,克服一切困难,全力支持党的工作。有个老大娘因为敌军"进剿"便随着儿媳妇躲到了深山中的破庙里。有一天她看见一个被敌人打成重伤的共产党交通员倒在雪地里,便和儿媳一起将他抬回庙里。老大娘挖草药给他敷伤口,像对自己亲生儿子一样细心调治,用仅有的一点米熬成米汤给伤员喝。在老人的精心照顾下,受伤的交通员不久就痊愈了。

当他辞别老人去找党组织的时候,老大娘将最后一点干粮和一块银圆都送给了这位交通员,交通员不肯接受。老人含着泪说:"你是为了帮助咱穷人翻身过好日子才这样受苦受累的,我这点东西算什么,你如果不收下,我会难受一辈子的。"这位交通员激动万分地向老人表示:"你就是我的母亲,我绝不会忘记你的恩情,为打倒反动派解放受苦人,我一定坚决战斗到底,直到流尽最后一滴血!"

井冈山下的黄坳村被国民党军占领后,国民党军在村子里疯狂地捕杀共产党员,折磨老百姓。退到山上的党组织听到这个消息后,立即派侦查员李文耀到村子里去刺探敌情,以便将国民党部队赶出去。李文耀到达黄坳村后,没料到敌人防守极其严密,不幸被发现了。敌人向李文耀开了两枪,李文耀急忙藏到一位大婶家里。大婶看见李文耀进屋,便问他是干什么的,李文耀便说:"大婶,不要害怕,我们是山上的红军,下来侦察敌情的。"大婶听后什么都明白了,赶紧把门关上,把李文耀带进屋里,叫他躺在床上不要动。

不一会儿,当大婶在晒谷子的时候,国民党军就追来了。国民党军不由分说便冲进屋子里,将屋内翻得一团糟,但是没有找到李文耀。国民党军看到床上躺着一个人时,便厉声问道这是谁,大婶这时不动声色地回答道:"这是我男人,病了好几天了,得了传染病,还请几位军官不要靠近以免传染。"大婶边说边走到床边,假装问李文耀要不要喝水。国民党军见这位大婶如此镇定不像撒谎的样子，又害怕真的被感染，便怒气冲冲地走了。等敌人走后，李文耀急忙感谢大婶的救命之恩，大婶却说："要不是共产党和红军，我们哪能分到土地呀，哪能翻身呀，说感谢的应该是我们呀！"

毛泽东领导的边界党组织由于每时每刻都十分关心群众的疾苦，及时反映群众的要求，引导群众为长远的利益而斗争，因此，受到井冈山人民的爱戴，只要听到是"毛委员的队伍来了"，他们都要出来热烈欢迎、报信带路、献粮筹款。红军不论是转移，还是出发去打仗，离开山村时，乡亲们总是含着眼泪送了一程又一程。有的送鸡蛋，有的送草鞋。母送子、妻送郎，都争先把亲人托付给党，让他们跟着共产党去为工农打天下。正是："双双拉着长茧的手，心像黄连脸在笑，血肉之情怎能忘！"

红军进军湘南失败后，被迫分散在山区打游击。敌人企图把红军和人民群众隔离开来，使余留下来的力量被围困在山里，便在村子里大肆清党清乡，残杀群众。红军夜里派人下山去弄粮食，但只见家家户户都把门紧闭着，去敲老百姓家的门，也没有人敢开门。但群众的心还是向着共产党的，夜里悄悄把粮食、盐巴背上山，放在红军经常过的山路口上等红军拿走。在白色恐怖中，根据地群众冒着生命危险也要支援党。莲花县有一对夫妇，知道了党组织的人员和地址，便把粮食送给他们，却不幸被敌人逮捕，面对敌人威逼利诱，没有屈服，牺牲三个亲儿子和自己的生命，也没有透露一点关于党组织的人员名单和住处的消息。

红五军上井冈山不久，国民党反动派对井冈山革命根据地发动了第三次"会剿"。1929年1月29日，从湖南开来的敌军占领黄洋界后，用重金买通游民陈开恩叫他带路去寻找红军。敌军在陈开恩的带路下，从黄洋界右侧的金狮面，顺着一条小溪窜到了小井村。在小井红军医院里养伤的130名重伤病员和医护人员因来不及转移,被敌人重重包围。伤员们面对敌军,虽手无寸铁,却毫无惧色,纷纷拿起板凳与敌人展开殊死搏斗,但终因寡不敌众,全部被押到小溪边的稻田里。敌人一把火烧毁了医院,又对伤病员们威逼利诱:"只要你们说出红军撤退的方向和指挥部的地点,就放你们回家。"但是谁也没开口。

恼羞成怒的敌人开始对他们严刑拷打,伤员们虽然被打得遍体鳞伤,血肉模糊,但没有一个人屈服。他们一次次跌倒又一次次站起,互相搀扶着挺立在刺骨的寒风之中。得不到任何消息的敌人就在医院对面的小桥上架起了机枪,向伤员们扫射。战士们倒下了,山谷中回荡着他们最后的呐喊:"中国共产党万岁!"当黑夜来临的时候,躲藏在山上的群众强压心头的悲愤,冒着生命危险将烈士们的遗体分成三堆掩埋在旁边的稻田里,群众对红军的情感通过这一举动表现得淋漓尽致。

★ 红军是巩固和发展根据地的强大力量,不仅在战斗中体现了强大的战斗力,还在关心和帮助群众的工作中起到了突出作用,在毛泽东、朱德、陈毅等人带头影响下,形成了生死与共的军民关系。

相传佛祖释迦牟尼曾问他的弟子:"一滴水怎样才能不干涸?"弟子们答不上来。释迦牟尼说:"把它放到大海里去。"当年弱小的红军在井冈山革命根据地之所以能站稳脚跟,之所以受到人民群众的衷心拥护和爱戴,之所以能战无不胜、攻无不克,就是因为他们把自己融入到了人民群众的汪洋之中。毛泽东把有很好的群众列为工农武装割据存在和发展的五个必不可少的条件之首,是有深刻意义的。工农革命军自从进入井冈山第一天起,就始终和人民群众打成一片,深深扎根在人民群众的肥田沃土里,与人民群众结下了患难与共、血肉相连的深情。红军的那一滴水珠,由于与群众的大海融会在一起,不仅没有干涸、消失,反而汇成滚滚的革命浪潮,荡漾出一个崭新的世界。红军的领导人毛泽东、朱德、陈毅等人都为营造良好的军民关系做出了表率。

有一天,毛泽东路过宁冈大陇时,得知杨大妈一家老的老,小的小,家里又没有柴烧,还带病为红军战士赶做布鞋,非常感动。毛泽东第二天就到老乡家借了一把柴刀,冒着酷暑,拿着扁担和簸箕带着几个红军战士上山砍柴去了。中午时分,毛泽东满头大汗地挑着一担百十斤的杂柴送到了杨大妈家里。毛泽东堆好柴后,正要转身回去时,被杨大妈发现了。杨大妈连忙跑过去拉住毛泽东的手,怎么也不让他走,非要留他吃中饭不可。毛泽东带着歉意地说:"大娘,你为我们红军做了许多好事,要说感谢,我们应该感谢根据地的广大群众才是。今天柴砍得不多,你先烧着,以后我们再来。"毛泽东说完便转身出门了。

红军在龙源口打了胜仗归来,宁冈县鹅岭下塘南村的男女老少都出村迎接。正在村头拾牛粪的孩子们看见大队红军来了,都背着簸箕奔迎过去,边跑还边喊着:"红军来了!红军来了!"孩子中跑得最快的小龙,只顾着跑步,没顾上看路,一个趔趄栽到一匹驮着炊具的高大黑马前。在一边牵马的那位满脸胡茬、身材魁伟的老战士眼明手快,一把勒住了马缰。马是停住了,但是抬起的前蹄落下去,把正好送到马蹄下的粪箕踩出了一个大洞,小龙一见粪箕破了便哭了起来。老战士微笑着摸着他的头温和地说:"不要紧,我来帮你修,保证让你拿个好的回去。"说着,他从马背上拿下一把小砍刀,在路边砍了两根小山竹,席地而坐,熟练地剖竹篾,不一会儿,就把粪箕补好了。后来人们才知道,他就是朱德。

陈毅,当时任红四军政治部主任。1928年根据地喜获丰收,陈毅随红四军一小分队来到大井村帮助农民秋收。陈毅虽然久疏农事,但干起活来却像个地道的农民。他发现靠山边的几亩稻谷没有人收割,询问乡政府干部才得知,原来那是邹老表的3亩多田。邹老表的儿子参军去了,媳妇在小井红军医院帮伤病员洗衣服,他自己又病倒了,所以稻谷没人收割,陈毅随即组织人员帮邹老表抢收稻谷。陈毅带领红军战士和地方干部,割禾的割禾,打谷的打谷,不到半天时间就收割完了。当陈毅一行人把谷子挑到邹老表家时,邹老表拄着拐杖出来,千恩万谢,激动地说:"红军真是天底下最好的军队啊!"

70多岁的孤寡老婆婆刘洪里,几年前因为旱灾收成不好交不起地主的租粮,被打得死去活来,从此留下一身老伤,时常发作,痛苦难忍。萧克率部队驻扎到村里时,专门看望了老人,关切地对刘老婆婆说:"你得请医生看看呀!"刘婆婆说道:"看过了,郎中说,我这伤病全靠调养,要多吃营养,才能好。可是……"萧克回到了驻地后,立刻拿出自己的伙食尾子,叫通信员去买了只大母鸡给老婆婆送去。老婆婆见通信员将老母鸡送到自己家来,感动得热泪盈眶,连说:"同志,我不能收,还是带回去给首长吃吧,首长为我们穷人每日每夜地工作,他更需要补身体。这份情我领下了。"通信员再三向她解释,老婆婆无论如何都不肯收下,通信员没办法只好把鸡抱了回去。萧克听了通信员的汇报,觉得把鸡再送去的话,老婆婆肯定还是不会收的。不如把鸡杀了炖好了再送过去,那她无论如何也得吃了。当萧克捧着香喷喷冒着热气的鸡送到刘洪里老婆婆家时,她激动地说:"你们真是穷人的队伍呀,鸡还是你自己吃吧!我们穷人靠你们有好身子骨打白狗子,才能过上好日子。等革命成功了,我再吃你的鸡。"两人又推让了许久,在萧克的再三劝说下,老婆婆实在难却萧克这份盛情,才把鸡吃了。

军爱民,民拥军。红军把人民看成父母,人民群众把红军看成一家人。群众不管家里有点什么,都要倾其所有送给红军。

有一天,茅坪乡牛亚陂村的萧婆婆,省吃俭用地积攒了满满一篮鸡蛋,来到毛泽东住的八角楼。她拉着毛泽东的手说:"毛委员,你整日为我们穷人操劳,我老太婆不能帮着做什么,这篮鸡蛋送给你补补身体,你可不要嫌弃啊!"毛泽东连忙推辞,但萧婆婆说什么也要毛泽东把鸡蛋收下,把篮子放在桌上就走了。毛泽东见状忙叫警卫员把钱送去,自己却把鸡蛋送到了红军医院。伤病员们知道这篮鸡蛋是乡亲们送给毛泽东的,谁也不肯收。毛泽东几乎用命令的口气说道:"同志们,你们为革命冲锋陷阵,受伤流血,这篮鸡蛋非吃不可!大家伤养好了,好早日上前线啊!"伤病员们无法推辞,只好收下了。

邱祖德是宁冈县东源乡麻上村的贫困农民,革命前租种了地主30多亩田,却"禾镰挂上壁,屋里没米吃"。红军开展打土豪运动后,因土地尚未平分,为赶季节,原有租田仍归他耕种。1928年秋粮丰收,他一家就收了3500多斤。收割前,当地政府就宣布:今年收的翻身粮,除上交20%的土地税粮外,其余一律归个人。可邱祖德说:"翻身搭帮红军和共产党,我老邱要交公粮。"他第一次交了1000斤,第二次又主动交了1500斤,家里仅剩一点口粮。

大家对电影《闪闪的红星》里潘冬子巧计送盐的故事都非常熟悉,而这一故事其实是作家王愿坚根据井冈山斗争时期聂槐妆的原型创作的。聂槐妆是湖南酃县十都人,1927年嫁到茅坪苍边村。聂槐妆参加革命一年多后,因工作积极肯干,担任了宁冈县茅坪乡工农兵政府妇女主任。1929年1月底根据地第三次反"会剿"斗争失败后,红五军主力从遂川向赣南转移,红三十二团和宁冈赤卫队掩护着200多伤病员,转移到深山老林坚持斗争。由于有 50 多个伤员等着需要盐水洗伤口,因此红三十二团特务连连长便派战士下山来求援,要乡政府赶紧设法弄些盐上山。聂槐妆知道,这些日子以来,为了解决红军的困难,能用的办法都用尽了,如将盐装在竹竿内,装在双层的粪桶内等方法都被敌人发现了,有的群众还因为送盐被发现而被敌人残酷杀害。敌人加紧了岗哨盘查,出入更加困难,要把盐送进山里只有另想其他的办法了。

聪明的聂槐妆苦思冥想后终于想出了一个新办法。她将两斤盐水浸在夹衣里,晾干后穿在身上,外面罩了一件蓝布扣衫,挎上一个放有薯片、杨梅干之类物品的竹篮进山了。从茅坪到深山油路坑,敌人在坝上、半江山设了两道哨卡。聂槐妆佯装走亲戚,一路顺利通过,将浸过盐水的衣服送给了红军班长左盘生,解决了伤病员们缺盐的困难。她用这个办法一连送了四次。就在 2 月中旬她第五次为红军送盐时,被敌人发现了。敌人将她押到坝上李家祠的屋柱上,严刑拷打,用香火烧她的乳房,逼她带路去寻找红军。聂槐妆闭口不语,坚贞不屈,最后被敌人杀害了。

井冈山斗争后期,红四军主力将要下山的时候,根据地群众和红军都情不自禁地流露出了难舍难分的情感,群众期盼着红军能早点回来。《十送红军》就为我们展示了一幅红军与人民群众深情自然流露的真实画卷:一送红军下南山,秋风细雨扑面寒,树树梧桐叶落完,红军几时再回山?二送红军大路旁,红漆桌子路边放,桌上摆着送行酒,祝愿红军打胜仗。三送红军上大道,锣儿无声鼓不敲,双双拉着长茧手,心藏黄连脸在笑。四送红军过高山,山山苞谷金灿灿,苞谷本是红军种,撒下种子红了天。五送红军澧水河,鸿雁阵阵空中过,鸿雁能捎书和信,捎信多把革命说。六送红军兔儿岩,两只兔儿哭哀哀,禽兽能知人心意,血肉深情分不开。七送红军七里湾,七里湾中一片田,凉风阵阵稻谷香,新米上市人走远。八送红军八角山,两只八哥吐人言,红军哥哥莫走远,财主回来要倒算。九送红军过大江,江水滔滔船儿忙,眼望江水肝肠断,穷苦百姓泪汪汪。十送红军转回来,武陵山巅搭高台,盼望红军打胜仗,盼望亲人早回来。

在艰难困苦的岁月里,井冈山人民为什么倾其所有支援红军,甚至不惜冒着生命危险,给红军送粮、送盐,支援革命战争?根本原因就在于党和红军领导他们打倒了土豪劣绅,给了他们土地,给了他们生存的权利,给了他们翻身的喜悦。在艰难困苦的岁月里,红军为什么能攻无不克、战无不胜,以弱小的武装力量战胜装备精良的敌人?根本原因就在于党和红军得到了千百万人民群众真心实意的拥护,众志成城,形成了一道道什么力量也打不破的铜墙铁壁。

★ *红军部队内部实行民主,克服了官僚主义,密切了党与士兵群众的联系,团结了广大的士兵群众,体现了军队的无产阶级性质,形成了亲密无间的官兵关系,齐心一致更好地为群众谋利益。*

毛泽东在永新三湾对秋收起义余部进行了改编,史称"三湾改编"。"三湾改编"的一个重要内容就是在军队内实行民主主义,建立了士兵委员会制度。士兵委员会是人民军队发挥民主最早的组织形式,是党领导下的群众组织。它坚持军队内部的政治民主,废除雇佣思想,反对军阀残余、官僚主义。士兵委员会的建立还激发了士兵群众的主人翁意识和责任感,密切了党与士兵群众的联系,对团结广大的士兵群众起了积极作用。最后,这一制度的建立从根本上改变了官兵对立的状况,体现了无产阶级军队的本质,使红军赢得了广大人民的真诚拥护。毛泽东在

《井冈山的斗争》一文中对井冈山斗争的经验做总结时也高度评价了这一制度。他指出,红军的物质生活如此菲薄,战斗如此频繁,仍能维持不敝,除党的作用外,就是靠实行军队内的民主主义。

根据陈毅在1929年9月的《关于朱毛军的历史及其状况的报告》所述,红四军内连以上皆设士兵委员会,士兵委员会的成员和主任由士兵推举,军、团级士兵委员会设常委、机关,在军团政治部办公。红4军的军级士兵委员会主任为陈毅。各级士兵委员会的任务有:参加军队管理,维持红军纪律,监督军队的经济,做群众运动,做士兵政治教育工作。各级士兵委员会置于党的领导之下,对军事方面的问题只能提出建议或质问,不能直接干涉或处理。

由于士兵委员会参与军队管理,代表士兵利益,在军中有一定权力,因而深受士兵拥戴。在当时不少军队干部来自旧军队、打人骂人的军阀作风甚为严重的情况下,士兵委员会挺身而出与之做斗争,维护了士兵们的权益,为营造良好的官兵关系起了很好的作用。实行军队民主还有一个重要作用,就是能将俘虏过来的敌军感化,吸引敌军士兵投诚。国民党军官张威、毕占云率部队投诚的例子就很好地体现了红军实行民主制度的重要作用。

实行政治民主、废除雇佣思想的实质就在于官兵的政治平等,在于确立了士兵群众的历史主人翁地位。由于军事活动的需要,官兵之间总是存在着指挥与服从的基本关系。人民军队官兵虽然职务和职能分工有不同,但这只表示他们在管理和参与管理部队的权限、范围及方式上各不相同,并不代表他们的社会政治地位和人格有高低贵贱之分。人民军队是人民自己的军队,士兵是军队的主人,官兵是同志和战士。人民军队的事业需要依靠广大的士兵发挥主人翁的作用,依靠官兵亲密无间的团结,调动他们高度的自觉性和积极性,这样才能获得无穷无尽的力量,从而战胜一切强大的敌人。在军队内实行政治民主,从建军原则和基本制度上确立了广大士兵的主人翁地位,赋予他们参与部队政治管理的权利和义务,必然可以焕发出他们极大的战斗热情和创造精神。

朱德爱护部下是天下闻名的。一方面,他要指挥红军主力在战场上同敌人拼搏;另一方面,他又要率领广大军民去战胜各种困难。他"冬天穿草鞋走路,饿了用南瓜充饥"。曾经有几位外国记者问朱德带兵有什么经验,他回答说:"我跟弟兄们共同生活,跟他们密切接触,因而获得他们的信任。每次作战,不管大小,我都事先要勘察地形,精密计划一切。我的主要战术一般都很成功,就是因为我清楚地了解实际情况,跟民众保持很好的关系。"亲密无间的官兵关系和军民关系,是朱德克敌制胜的一个法宝。朱德在井冈山革命根据地留下了许多关心士兵、与士兵融洽相处的故事,朱德让马的故事就是其中之一。

1928年6月,国民党军队对根据地发动了"会剿",毛泽东决定将红军主力撤出永新,退回大本营宁冈,待机歼敌。朱德率部队路过七溪岭时,看见两个战士在树底下休息,一个坐着,一个躺着,朱德便走上前去和他们说起话来。从谈话中朱德得知,他俩都是第二十九团第二营第三连的战士,其中的一位叫万勇保。这名叫万勇保的士兵因为身体虚弱,所以由另一名士兵沿途照顾他一起回井冈山。朱德见万勇保没精打采的,便问他哪里不舒服。万勇保生怕自己会给朱德添麻烦,就强打精神站起来告诉朱德说他没病,只是天气太热想歇息一下。朱德便立马将自己的水壶递给了他。万勇保双手接过水壶,激动得说不出话来。喝完水,他们又出发了。出发之前朱德将自己的马让给了万勇保,万勇保连忙说不用,但最后还是被朱德扶上了马。

朱德牵着马一路上向他们询问家里的情况,并给他们讲了一些革命道理。当黄昏已近,快到新城的时候,被派来接万勇保的战士看见他骑了一匹马过来,便对牵着马的朱德大喊起来:"马夫,你才来呀,我们已经到新城好久了。"他发现牵马的人是朱德时,感到十分惊讶,说不出话来,心里忐忑不安,好不自在。好久,才从嘴里冒出一句话:"朱军长,莫怪我喊错了。"朱德看见他很窘,就微笑地拍着他的肩膀说:"没关系,毛委员不是说过,从军长到伙夫都一样吗?我们都是为人民服务的战士嘛!"

1927年12月,罗荣桓调到第三营第九连,任党代表。他给自己定下一条规矩:凡是要求战士做到的,自己首先要做到,以自己的模范行动作为无声的命令。打仗冲锋时,他与连长总是冲在最前面;撤退时,他在最后做掩护;行军时,他肩上的东西最多;开饭时,他站在队伍最后头;自己病了,咬咬牙,坚持工作;战士病了,他一天几次嘘寒问暖。他与广大战士生活在一起,帮他们背枪、扛铺盖卷,和他们拉家常,很快熟悉了全连每一个战士的经历、家庭和思想情况,成了战士们的知心人。

1929年9月1日,陈毅在向党中央写的《关于朱毛军的历史及其状况的报告》中谈道,红四军的经济支取由各级士兵委员会负责审查监督,脱离军官的影响,做到彻底公开。由于经济上最能表现红军的平等精神,红军中有一副这样的对联:红军中官兵夫薪饷吃穿一样,军阀里将校尉起居饮食不同。

有一次红军打了胜仗,占领了永新城,从国民党部队那里得到了不少银圆,并抬到了军部。晚上毛泽东给红军官兵讲话,提到缴获的银圆时,他说:"我们是工农的军队,不是军阀、资本家的军队。他们得了钱归当官的装腰包,我们从上到下都一样,一块都是一块,一毛都是一毛。"第二天在永新一个广场上,点名发钱。第一名朱德,第二名毛泽东,之后点大家,每人发的都是一块银圆。大家都没半句怨言,因为习惯了。军中什么人都是一样苦,从军长到伙夫,除粮食外一律都是五分钱的菜金。发零用钱,两角即一律两角,四角即一律四角。因此士兵也不怨恨什么人。在那艰苦的日子里,毛泽东、朱德和各级干部也同战士们过着同样艰苦的生活。寒冬腊月,毛泽东、朱德和战士们一样挨饿受冻。晚上,毛泽东经常围着一床夹被,用一根带子做成斗篷围在身上取暖,度过严寒的冬夜。

在坚持井冈山革命斗争的艰苦岁月里,毛泽东、朱德等老一辈无产阶级革命家以身作则,与官兵有盐同咸,无盐同淡,从军长到士兵,大家过的都是标准极低的军事共产主义生活。这种同甘共苦的生活制度和革命精神,使得红军内部非常团结,在被敌军围困的险恶环境里,众志成城,岿然不动。艰苦的环境培育出了血肉相连的党群情、生死与共的军民情、亲密无间的官兵情。党领导下的人民军队正是凭借着这些深厚的情感,几十年艰苦奋战,保持了强大的凝聚力、战斗力,战胜了国内外强大的敌人,迎来一个又一个胜利。

第三节 众志成城反"会剿"

秋收起义后毛泽东率领部队上井冈山,建立了井冈山革命根据地,根据地之所以能得到发展和壮大,最重要的因素之一就是军事斗争的胜利。如果没有军事斗争的胜利,根据地其他各方面的建设和发展就缺少了安定的条件和环境。当时党领导下的人民军队虽然在武器装备上远远不及国民党军队,但依靠着人民群众的有力支持,凭借着勇于胜利的精神,打退了国民党军队对井冈山革命根据地的数次进攻。

井冈山革命根据地的发展壮大引起了国民党反动势力的恐慌,他们对革命根据地发动了数次"进剿"和"会剿"。在根据地群众的大力协助下,党和红军充分利用井冈山地区的地形优势,同仇敌忾、万众一心、众志成城,粉碎了敌军的四次"进剿"和两次"会剿"。七溪岭上的枪声和黄洋界上的炮声充分显示了人民军队勇于胜利的信心和决心。

第三章 依靠群众、勇于胜利

★ 井冈山革命根据地的发展引起了湘赣敌军的极大仇视,敌军分别于1928年2月、4月、5月对根据地发动了三次"进剿",企图扼杀革命根据地。根据地军民齐心斗争,最终没能让敌军的企图得逞。

1928年2月,国民党江西省政府主席朱培德得知毛泽东率领部队上井冈山并建立革命根据地的消息后大为震惊。朱培德立刻下令驻扎在江西吉安的杨如轩第二十七师,以第八十一团和第七十九团的两个营分别进攻万安和宁冈新城,对井冈山革命根据地的第一次"进剿"就此拉开帷幕。

面对敌人来势汹汹的"进剿",毛泽东沉着应对。前委于2月17日在茅坪召开了军队会议,部署应对方案。会议决定:集中革命军第一团、第二团的优势兵力,对处于新城的敌军采取包围之势。由第一团第一营担任主攻,攻击新城东门;第三营主力攻打南门;教导队和第三营的一部攻打北门;袁文才率第二团第一营在敞开的西门外设伏,准备歼灭从西门出逃之敌。毛泽东在会后还做了动员讲话,指出党和红军在人民群众的支持下充分发挥英勇奋斗的精神就一定能够取得胜利,他的讲话极大提升了红军战士的士气。

17日深夜,反击敌军第一次"进剿"的行动以进军新城为序幕开始了。国民党军驻守新城的是第七十九团下属的王国政独立团,王国政妄想利用精良的武器装备来击败工农革命军,因此根本没有认真防范,对工农革命军进入新城的行动一无所知。18日清晨工农革命军到达新城,而此时毫不知情的敌军正在出操。就在这时,毛泽东和张子清果断下达了作战的信号,敌人霎时犹如惊弓之鸟弃枪逃跑,紧闭城门。

经过一番苦战后,新城依然没有攻下,毛泽东经过周密考虑后决定采用火攻。先由南门和北门的部队发起佯攻吸引敌人,然后由第一营集中力量对东门进行火攻。命令下达后,部队将仅有的两挺机枪架上屋顶,居高临下,向敌人猛烈射击。与此同时,当地群众送来楼梯、稻草、棉絮等易燃物。在东门的几十个战士两人一组开始行动,他们披着沾湿了的棉絮,夹着干草、煤油,冒着枪林弹雨,涌向东门点着了火。霎时,熊熊的烈火将东门烧穿了,跟进的第一营战士乘机冲入城内。

东门被攻破后,城内的守敌更加乱作一团,无心再战。南门和北门相继被攻破后,王国政欲从西门逃窜,遭到在西门等候多时的袁文才部队的猛烈射击。王国政等人便成了瓮中之鳖,王国政在混乱中被击毙。反动县长张开阳逃跑后躲在西门外的小沟里,被参战的古城区大江边暴动队队长文根宗生俘。这场战斗共击毙、击伤敌军300多人,活捉敌县长张开阳,取得了根据地创建以来的第一次辉煌胜利,击破了敌军的第一次"进剿"。

1928年4月,朱德率领部队与毛泽东在井冈山会师,并成立了工农红军第四军,根据地的力量大大加强。湘赣的敌军此时更加恐慌,急欲再次进攻根据地。杨如轩部第二十七师4月下旬开始向吉安进发,决定兵分两路对根据地中心宁冈形成包围之势。敌军对井冈山革命根据地的第二次"进剿"就此开始了。

毛泽东、朱德在接到敌军"进剿"的情报后,立即召开红四军军委会议。会议决定毛泽东和何挺颖率第三十一团开往宁冈、永新交界的七溪岭阻击敌军第七十九团;朱德、陈毅、王尔琢率第二十八、二十九团从茨坪、黄坳方向阻击敌第八十一团。

4月底,毛泽东、朱德等按计划率部开始行动。王尔琢率部队到达遂川黄坳时,与欲往井冈山五斗江推进的周体仁第八十一团的一个营相遇。朱德命令红四军第二十九团与周体仁部作战,敌军一个营的兵力难以抵抗,很快就被击溃。但是周体仁对一个营被击败的情况未予以重视,仍将部队调往五斗江。这时,王尔琢率第二十八团改变原来的进军方向,在五斗江等待敌军的到来。当周体仁的部队开到五斗江时,等候多时的朱德、王尔琢部队对敌军进行了猛烈的攻击,敌军见势不妙立即仓皇向拿山、永新方向逃跑。朱德和王尔琢一鼓作气,向拿山、永新方向继续追击敌军。

在红军的凌厉攻势下,位于永新的敌军第八十团很快也溃败逃跑了,红军由此占领了永新。这时从七溪岭向宁冈进攻的敌军第七十九团被毛泽东和何挺颖所率的第三十一团死死缠住,无法前进,当得知第八十一团大败后,无心恋战,不等师部下命令就向吉安天河撤退。毛泽东一路追击敌军,与朱德在永新城会合,在永新建立了永新县工农兵政府。这样,国民党军对井冈山根据地的第二次"进剿",还未部署完毕,就被红军打破了。

当杨如轩"进剿"失败的消息传到南京后,蒋介石十分恼火,急令江西和湖南的朱培德、何健"加紧剿匪,不得有误"。国民党江西省政府主席朱培德接到蒋介石的指示后,命杨如轩部由吉安反攻永新,王均和杨池生部调防湘赣边界。5月13日,敌军向井冈山革命根据地发动了第三次"进剿"。朱培德做了如下部署:杨如轩第二十七师师部、第七十九团和杨池生第九师第二十七团的一个营进攻永新,其余近4个团南渡禾水,由龙源向宁冈进攻。

毛泽东、朱德在得知敌军要进攻永新的消息后,根据从前两次反"进剿"总结出的"敌进我退、声东击西"的游击战术,决定主动撤出永新,退回到根据地的中心宁冈。毛泽东、朱德退回宁冈后,在砻市的刘德盛药店商讨了对策,最后决定避敌锋芒,先由三十一团第一营袭击茶陵高陇,将驻守永新的敌军引出来进行歼灭。

5月16日,朱德、王尔琢率领第二十八团和三十一团一营,从宁冈袭击茶陵高陇。17日,第三十一团与湘敌吴尚部展开激战,营长员一民不幸在战斗中牺牲,部队只好暂时撤退。朱德、王尔琢率领第二十八团赶到后,歼敌数百人,第三十一团遂解围,战斗后决定由陈毅安接任营长。正要离开高陇回师宁冈时,部队接到了毛泽东写来的信。毛泽东这时已清楚地掌握了敌军的动向,他在信中写道,红军远袭茶陵,果然调动赣敌,杨如轩将以两个团的兵力向宁冈进军,另派一个团在永新西乡警戒茶陵方向,杨本人随师部坐镇永新城督战,要朱德速率部队东进奔袭永新县城,直捣杨如轩师部巢穴。

朱德接到信后与王尔琢商量了下一步的行动,率领部队向永新疾进,于18日到达永新澧田以北的草市坳,并设伏等候敌军的到来。此时,敌军第七十九团还以为他们的任务是守备茶陵以防止朱德进攻永新,根本没有想到朱德早已经设下了埋伏。19日,第七十九团到达草市坳时,随着王尔琢的一声枪响,红军迅速进入战斗,架在山顶的机关枪将一排排子弹射向敌军。此时的敌军第七十九团团长刘安华还不知道是什么情况,吓得从马上摔了下来。他明白自己已经进了红军的埋伏圈之后,便命令部队攻占制高点,向前突围,但是埋伏在树林和草丛中的红军在这时冲了出来,在混乱中将团长刘安华击毙,敌军见大势已去便纷纷举枪投降。

战斗结束后,朱德、王尔琢继续率领部队向永新县城前进。当第七十九团失败的消息传到师部时,杨如轩面色铁青,但红四军到达永新的枪声使他不得不相信第七十九团失败的事实,于是他急忙骑马逃跑。随后红四军第二次攻占了永新县城。在草市坳和永新战斗中,红军歼灭了敌军1个团,并缴获了大量的枪支弹药和银圆。敌军的第三次"进剿"又一次被粉碎了。

★ 粉碎敌军的三次"进剿"后,根据地掀起的土地革命风暴更让敌军坐立不安。敌军联合湘赣两省的军力对革命根据地发动了第四次"进剿",根据地军民在新、老七溪岭成功阻击了敌军的进犯。

连续挫败敌军的三次"进剿"后,革命根据地迎来了一段安定时期。在这短暂的安定时期里,党领导农民开展了土地革命,进行了广泛的分田运动,根据地刮起了土地革命风暴。土地革命的开展使得国民党反动派对根据地政权更加敌视。在连续三次"进剿"都失败后,国民党政府便开始筹划联合湘赣两省的力量来剿灭根据地。1928年6月中旬,江西省政府主席朱培德奉蒋介石之命,重整旗鼓,以第九师师长杨池生为总指挥,杨如轩为前线总指挥,分别率第九师的3个团、第二十七师的2个团,共5个团的兵力从吉安开向永新,进攻宁冈。同时湘敌吴尚第八军的第二师也由平江调防攸县,加强对湘赣边红军的防堵,开始了对井冈山革命根据地的第四次"进剿"。

面对来势汹汹的敌军,毛泽东和朱德根据情况做出了冷静客观的分析。毛泽东和朱德认为,这次敌军虽然力量强大,但他们经历了三次"进剿"的失败,在士气和作战心态上比起红军来说则要差得多,再加上红军有对地形熟悉等优势,击退敌军的这次"进剿"是完全有可能的。毛泽东、朱德决定对战斗力较强的湘敌采取守势,对战斗力较弱的赣敌采取攻势,以一小部力量钳制湘敌,集中力量打击由永新地区来犯的赣敌。

6月16日,朱德、王尔琢率第二十八团、二十九团突袭鄢县,击溃了吴尚的先遣团,之后又歼灭了吴尚的一个营。红军的这一举动成功迷惑了敌军,杨池生、杨如轩认为红军主力离开了根据地,便急欲攻占宁冈,决定兵分两路从新七溪岭和老七溪岭向宁冈进发。敌军做出了如下部署:杨如轩师第八十团与杨池生师第二十五团,从永新南乡的白口向老七溪岭进攻;第九师战斗力最强的第二十七团,由龙源口向新七溪岭进攻。杨池生亲率一个团留守永新城,另一个团在南乡的通道上作为预备兵力。杨如轩还将前线总指挥部设在了白口村的罗家祠。

6月20日,毛泽东、朱德、陈毅在宁冈古城召开了红四军连以上干部会议,毛泽东在分析敌我情况后制定了详细的迎敌方案。会议决定:以第二十八团、二十九团和三十一团第一营为主力,由朱德、陈毅、王尔琢率领,利用宁冈北面屏障新、老七溪岭的有利地形,集中力量抗击来犯的敌军;袁文才、王佐率第三十二团在宁冈、鄢县边境活动,钳制吴尚第八军;并广泛地动员宁冈、永新群众支前参战,协助红军破敌。

会议后各部队按计划行动。21日,毛泽东率第三十一团第三营前往永新龙田、潞江一带,发动群众牵制湘敌;袁文才率第三十二团向鄢县边境移动,迷惑敌军;朱德、陈毅、王尔琢则统率红军主力移驻新城,密切注视敌军动向。

此时的杨池生和杨如轩也按照预先的部署紧锣密鼓地调动军队,向井冈山革命根据地推进。以第九师的3个团从永新向宁冈北面的新、老七溪岭逼近,企图攻占宁冈;以第二十七师的2个团驻防永新城。毛泽东在这时通过群众的协助已经了解到了敌人的行动及意图。毛泽东将了解到的情况及时发给了朱德和陈毅。

当杨池生和杨如轩的部队向永新移动时,朱德、陈毅收到了毛泽东传来的敌情报告。朱德、陈毅接毛泽东的来信后,于22日上午在宁冈新城召开红四军军部军事会议,营以上干部40余人参加了会议,讨论并确定了具体的作战方案。会上根据袁文才掌握的吴尚第八军的情况,认为目前湘赣敌军还未联合,只是江西敌军单方面的行动。根据这一判断,会议最后决定:朱德、陈毅、胡少海率第二十九团及第三十一团第一营,在新七溪岭阻击敌第二十七团;王尔琢、何长工率第二十八团在老七溪岭迎击敌第二十五、二十六团;袁文才率第三十二团和永新赤卫队埋伏在武功潭一带,待得手后相机捣毁敌驻在白口的前线指挥部,截断敌人退路;毛泽东率第三十一团第三营继续在永新龙田、潞江一带监视湘敌;宁冈、永新两县地方武装和群众协同红军作战。

第四次反"进剿"的战场是宁冈和永新交界的一座气势磅礴的大山,这座大山的东边叫作新七溪岭,西边叫作老七溪岭。两岭相距七八里,岭上树林茂密,地势险要。新、老七溪岭一左一右,像两扇铁门,扼守着根据地的大本营。两座山岭各有一条小路盘旋而上,通往宁冈的新城。

1928年6月23日,这天正好是农历端午节。凌晨时分,朱德、陈毅、胡少海率领红二十九团、三十一团第一营从新城出发,穿过"吊谷上仓""蛤蟆湖"栈道,抢在敌人前面,占领了新七溪岭的制高点望月亭。到上午9时许,号称"江西最狠的部队"的杨池生部第九师第二十七团,在师参谋长兼旅长李文彬的指挥下,从龙源口登上了新七溪岭。敌人开到离山脚4里的永宁亭时,受到了红军第二十九团萧克营的阻击。敌军为了争夺制高点,与萧克营展开了战斗。萧克营主要由农民军组成,枪支不多,在敌人的优良装备面前很快就呈现出了劣势。敌军用七八挺机枪不停扫射,并用迫击炮轮番轰炸,萧克营不得不退到了泰山亭。

当红军第二十九团退到泰山亭后,红军第三十一团第一营急忙赶来支援，迅速集中火力才将敌人压了下去。但是敌人自恃武器精良，弹药充足，又集中七八挺机枪，压向望月亭，抢占了地势险要的风车口，并在风车口上架起几挺机枪，掩护大队敌军向前冲锋。假如风车口一直被敌军占据，红二十九团将处于极其危险的境地。

在这危急的关头，朱德赶至望月亭，提起一挺冲锋枪亲自上阵，向敌人猛烈扫射。朱德的军帽在这时被敌军的子弹打飞了。朱德全然不顾，一边提着机关枪继续扫射，一边大声命令："搞掉敌人的机枪！"红军班长马奕夫闻令后，一马当先，冲了出去。他时而以树木做掩体，时而匍匐在怪石旁，迅速地接近了风车口。当马奕夫甩出几颗手榴弹，把敌军的几挺机枪炸得仅剩一挺时，他自己也中弹倒下了。战士们见状，纷纷跃出壕沟。不料，敌人的机枪又吐出了火舌，一批战士倒在血泊之中。这时马奕夫被剧烈的枪声惊醒，他看见身边倒下的战友，愤怒至极，一步一步地向敌人的机枪位置爬去。突然，他奋力跃起，紧紧抓住滚烫的机枪枪管，用胸膛挡住了机枪口。参战的第二十九团、第三十一团第一营战士在马奕夫的鼓舞下，向敌军发起了凌厉的攻势，终于把敌人压下了风车口。骄横的敌军后来尽管组织了多次冲锋，却始终无法逾越风车口。

新七溪岭战斗打响之后，红二十八团与敌二十五、二十六团在老七溪岭与杨如轩的两个团进行激战。红二十八团从新城出发，因路途较远，匆匆赶到茅管坳时发现百步墩这一制高点已被先期到来的敌人占领。敌俯我仰，形势非常不利。战斗打响后，敌人密集的子弹压得二十八团官兵无法前进。

此时王尔琢和何长工等人登上茅管坳察看了敌军的情况，王尔琢在观察后决定趁敌人还未立稳脚跟抢占百步墩。王尔琢立即下令炮轰百步墩，一营及机炮连迅速向百步墩猛烈地开火，二营和三营则在袁崇全和萧劲的带领下分为两路攻击。敌军极为猛烈的火力将红军部队压在山腰上,红军始终无法冲上百步墩。这时,敌人的大批部队向茅管圳压来,红二十八团如不迅速攻下山头,不仅自己在山腰站不住脚,连新七溪岭的部队都有遭受前后夹击的危险。

在此紧急情况下,王尔琢和团党代表何长工在山谷里召开战地紧急会议,讨论下一步的行动。最后商议决定采取"冲锋集群"的战斗方案。由作战勇敢、有战斗经验的党员、干部、老战士,组成若干组勇猛的冲锋集群,轮番向敌人冲击。每一冲锋群24人,配3支冲锋枪,7支步枪,9支驳壳枪,5支梭镖。在迫击炮的掩护下,短兵相接,拿下制高点。方案确定后,首先由萧劲统率的第二十八团第三营向敌军发起了数次冲锋,但均未能奏效。

中午时分,萧劲乘敌第二十五、二十六团散在树丛下休息的有利时机,再次组织冲锋集群冲了上去。在密密的枪弹掩护下,萧劲率领冲锋集群迅速奔向百步墩。战士们跟着营长义无反顾地向前猛冲。当快要接近百步墩的时候,一颗子弹打中了萧劲的腹部,肠子顿时涌了出来。萧劲紧捂伤口,将肠子塞进腹内,叫人撕下衣袖紧紧捆住腹部,又继续往前冲击。战士们踏着萧劲留下的血路,终于拿下了制高点。

当第二十八团和敌军交战时,埋伏在老七溪岭右侧武功潭的袁文才三十二团也向白口敌军前线指挥部发起了攻击。杨如轩见大势已去,上马就逃,一颗子弹飞来击中了他的右臂。杨如轩连头也不敢回,带领师部残兵,夺路逃往永新。袁文才在攻击敌军指挥部成功后,立马赶到老七溪岭援助第二十八团,最终将敌军击溃。

此时新七溪岭的敌军闻知老七溪岭的敌军兵败后,也无心恋战,边打边退。朱德抓住战机,旋即率部发起猛攻。老七溪岭的敌二十五、二十六团失去指挥中心,首尾挨打,全线崩溃,紧随杨如轩向永新方向逃窜。追至白口的红第二十八团立即转身向新七溪岭包抄过去,会同朱德指挥的红二十九团和三十一团一营,在龙源口将敌二十七团围住。附近的数千地方民兵武装,也旋即赶至,摇旗呐喊。一时间,龙源口上空杀声震天。至下午三四点钟时,战斗全部结束。龙源口到处是敌军扔下的枪和子弹,红军喜气洋洋地清理着这些战利品。

龙源口大捷是红四军成立以来进行的最大规模、最为激烈的一次战斗。对此,杨克敏在1929年2月25日的《关于湘赣边苏区情况的综合报告》中记载道:六月二十三日龙源口(永新县境内,由宁冈入永新的道路)一战,赣敌共三团,杨如轩指挥之,我军亦三团与敌战一日之久,敌为二十五、二十六团江西军队之最狠的部队,战斗力最强,都系老兵,技术熟练,这次战争敌我兵力相当,为江西所谓经过的大战,其间进退周旋,经过许久肉搏,因为我们占得地形的优越,敌仰我俯,居高临下,辛辛一鼓败之,其间战机的危险非常严重,不为敌人所败者几希。在未下攻击令之先,曾命令永新县党部准备暴动响应军队,以致收取夹攻之效,实行群众战的口号。……此役敌三团全溃,缴枪七八百支,杨如轩带花逃跑,俘虏敌兵官长士兵甚多,敌死伤数百,我方亦有死伤。敌遂退出永新,永新即完全为红军占领。① 对这次红军的辉煌胜利,边界军民作歌谣热情赞道:不费红军三分力,打败江西两只羊(杨),真好,真好!畅快,畅快!苏联的《真理报》也对这场战斗进行了报道。

七溪岭战斗和龙源口战斗取得的辉煌胜利,宣告了赣敌对井冈山革命根据地第四次"进剿"的破产,毛泽东在《井冈山的斗争》中写道:六月

---

① 江西省档案馆、中央江西省委党校党史教研室编:《中央革命根据地史料选编》(上册),南昌:江西人民出版社,1982年版,第21页。

二十三日龙源口（永新宁冈交界）一战，第四次击破江西敌人之后，我区有宁冈、永新、莲花三个全县，吉安、安福各一小部，遂川北部，酃县东南部，是为边界全盛时期。①

★ 湘南暴动失败后根据地守备空虚，敌军此时又乘机对根据地发动了两次"会剿"。第一次"会剿"由于敌军内讧而破产。根据地军民利用地形优势，积极部署，在黄洋界上打退了第二次"会剿"。

1928年6月30日，受"左"倾盲动错误影响的中共湖南省委派杜修经为巡视员到达井冈山，要求红四军立即向湘南发展。毛泽东对江西和湖南军队的力量进行分析后，向杜修经提出了自己的看法。毛泽东认为在当时的情况下不应该把部队拉往湘南，而应该继续坚持在井冈山地区进行斗争。毛泽东的正确意见最终得到了肯定，阻止了将部队拉往湘南的冒险行为。

但是到7月中旬，毛泽东突然接到了红军第二十八团和二十九团已经离开根据地向湘南出击的消息，毛泽东立即感到形势不妙。果不其然，红军第二十八团和二十九团离开后，根据地只剩下红军三十一团和三十二团一共2个团的军力。这时，占据永新城的湘敌吴尚第八军和赣敌王均第三军、金汉鼎部、胡文斗第六军共计11个团，对根据地发动了第一次"会剿"。

边界特委为了保卫根据地，决定由袁文才率领红三十二团防守宁冈，毛泽东率领红三十一团以游击方式在永新困敌。7月中旬，毛泽东

---

① 《毛泽东选集》（第一卷），北京：人民出版社，1991年版，第61—62页。

在永新西乡召开干部会议,将三十一团分成东、北、中三路:以第一营的二、三连组成东路行委,毛泽覃为书记,陈毅安为指挥,在永新东乡活动;以第三营的七、八连和第一营的一连组成北路行委,宛希先为书记,伍中豪为指挥,在永新北乡活动;以团部特务连和第三营九连组成中路行委,何挺颖为书记,朱云卿为指挥,在永新城郊活动。中共永新县委发挥了积极作用,动员和组织了万名革命群众来配合各路红军,不断袭扰敌军的军事行动。除此之外,在永新城内,受特委派遣的谭震林建立秘密军事交通站,用来收集传递军事情报。

在毛泽东等人的组织、领导下,红三十一团和永新数万名革命群众以四面游击的方式,日夜袭扰敌人,使敌军寝食难安,惊恐万状。敌军11个团被围困在永新城内及附近30里内达25天之久,有力地遏制了敌人向根据地中心推进。

然而在永新成功地把敌军困住后,却传来了红军第二十八团和第二十九团在湘南遭到失败的消息,红二十九团更是全团覆灭。敌军得到这个消息后,又开始向根据地反攻。恰巧在这时,敌军发生内讧,第一次"会剿"自然也就破产了。

敌军对根据地发动的第一次"会剿"破产后,毛泽东率领第三十一团去接应二十八团。8月23日,毛泽东率领的三十一团和朱德、陈毅率领的二十八团在桂东县会合。当晚毛泽东还主持召开了前委扩大会议,决定带领部队一起重返井冈山。就在这时,国民党湘赣两省敌军悉知毛泽东率部队接应朱德去了湘南后,认为这正是乘虚而攻的大好时机,遂两省政府通电合谋,调动军队,对根据地发动了第二次"会剿"。

从8月24日起,湘敌以吴尚第八军熊震师,加上程泽润师1个团,共计4个团的兵力向鄗县集结。8月28日,熊震师3个团抵临瓜寨、黄上等地,程泽润师、叶虎臣团开至大院,计划休整一天从宁冈乔林推进,由黄洋界扑向大、小五井。赣敌方面,以第九师、第二十七师各1个团,加上刘士毅的1个团,计划从永新沿韩江直抵宁冈古城。他们企图先占领砻市、新城,再攻击大、小井军事根据地,以彻底摧毁井冈山革命根据地。

在获悉敌人开始发动第二次"会剿"的消息后,8月29日,朱云卿、陈毅安带领第三十一团第一营的两个连迅速回援,在茅坪的第三十一团党代表何挺颖此时也上了山。朱云卿、陈毅安、何挺颖、袁文才等人立即聚在一起,召开了连以上干部会议,讨论作战方案。会议围绕是守是撤的问题展开了商议,与会者一致认为,应坚守井冈山,利用有利地势,充分发动群众,齐心协力抗击敌人。会议做出如下部署:将主力放在黄洋界哨口,对付已逼近的湘赣敌军。八面山、双马石、桐木岭、朱砂冲4个哨口由王佐的第三十二团二营把守。第三十二团一营由袁文才率领在山下进行游击,骚扰敌军后方,同时发动群众协同作战。团长朱云卿随后还具体部署了黄洋界的作战安排:第三十一团的一营一、二连和大、小五井地方武装守卫黄洋界。以1个连守卫哨口两侧主要工事,阻击大陇方向的敌军;1个排守卫哨口北侧的工事,防御茅坪方向的来犯之敌;山顶瞭望哨布置2个排,作为一连的预备队,掩护前面两个工事;大、小五井赤卫队等隐蔽在附近山头,协助红军作战。

会后,红军战士和群众开始了紧张的迎敌准备工作。宁冈县委与县工农兵政府在茅坪等地积极发动群众,并将宁冈赤卫队和鄌县赤卫队调来参加战斗。赤卫队到达黄洋界后,积极修筑战壕掩体,布设檑木滚石。县委还领导群众坚壁清野,连夜削制竹钉,布置"竹钉阵"。妇女则负责煮饭等后勤事务。还组织群众成立了担架队和救护队。

在军民的齐心努力下,大陇、茅坪通向黄洋界的山路上设起了五道防线,并对原有的全部哨口工事都进行了加固修筑。第一道防线是"竹钉阵",在长达几里的小路上和路的两旁都布满了竹钉,竹钉行距不超过5寸,从外表上看不出来;第二道是砍树阻道,在地势险要的转弯处或临近悬崖的地方,砍倒大树和毛竹,将道路阻塞以延迟敌人的行进;第三道是檑木滚石,在陡坡上,用藤条将几根树干吊住,树干上垒着一堵高过人头的石墙,只要把藤条砍断,树干松动,石墙就会翻滚而下;第四道是四五尺深的壕沟,沟内布满了带毒的竹钉;第五道是石头筑就的射击掩体,以削弱敌人炮轰的威胁。一切准备就绪。

位于茨坪和茅坪之间的黄洋界,海拔1300余米,峰峦叠嶂,地势险峻,到处峭壁耸立。山上时常弥漫着茫茫的云雾,白茫茫的一片犹如汪洋大海一般,故又名"汪洋界"。上山仅有从大陇、茅坪方向来的两条小路,均筑有工事,大有"一人当关,万夫莫开"之势。

8月29日,前来"会剿"的湘赣敌军已分别推进到宁冈的大陇和茅坪,准备第二天从两面发动进攻。得到消息的团长朱云卿决定在山上过夜待战。到晚上10点左右,雾凝露生、凉意袭人。黄洋界上的战士们和赤卫队员在壕沟里点起了火堆,围坐在一起,丝毫没有大战前的压抑感。朱云卿、何挺颖、陈毅安三位前线指挥官还和战士们一起坐在火堆旁闲聊。闲聊时,有人便说起了当年诸葛亮唱"空城计"的故事。于是,你一言,我一句,居然凑出了十来句唱词。喜爱京剧的陈毅安便唱了起来,他这样唱道:

> 我站在黄洋界上观山景,
> 忽听得山下人马乱纷纷。

举目抬头来观看,

原来是湘赣发来的兵。

一来是,农民斗争经验少,

二来是,二十八团离开了永新。

你既得宁冈茅坪多侥幸,

为何又来侵占我的五井?

你既来就该把山进,

为何山下扎大营?

你莫左思右想心不定,

我这里内无埋伏外无救兵。

你来!来!来!

你上得山来我别无敌,

我准备着红米南瓜、南瓜红米,

犒赏你的众三军。

你来!来!来!

请你到井冈山上谈谈革命。

陈毅安唱得声情并茂,战士们听完了便哈哈大笑。此时的陈毅安并没有忘记红军所面临的严峻形势,因此他唱完之后便收住笑容,再一次鼓励战士们要奋勇作战。

8月30日上午,湘敌吴尚部3个团从宁冈出发向黄洋界进攻,沿着通向黄洋界山顶的小路以鱼贯式队形向山上开进。由于受地形的限制,敌军之间不得不保持一定的距离,否则无法射击。而此时隐蔽在黄洋界的红军和赤卫队、暴动队则可以将敌军的行动看得一清二楚,并密切地注视着敌军的行动。

当敌军走入红军早已布置好的"竹钉阵"时,他们便惨叫起来,他们的脚底被竹钉刺出一个个洞来,疼痛难忍。他们很快就明白:红军为了阻止他们前行在路上布下了竹钉,于是散开在路上拔竹钉,耗费了大半个钟头才将竹钉拔完。敌军继续前行到拐弯处时,突然听见一声巨响,一棵大树倒了下来,把十几个士兵压在树下。当后面的部队回过神来时,山上红军的子弹已经飞向了他们,红军虚袭一阵后就停止了。敌军这时不得不从树中爬过继续上山。在吃过两次亏后,敌军在一个陡坡前立即警觉起来。但此时红军已经将吊住大树的藤条砍断,大大小小的石块瞬间就向敌军飞去。经过这一阵"石头雨",敌军受到了巨大的损失。敌军在遭到红军布置的"五道防线"的打击后,恼羞成怒,欲依靠强大的火力攻上山顶,但是地形的限制使敌军根本无法施展出他们的火力优势。在两次攻击无果之后,敌军不得不溃退到山下去了。

到下午4时左右,永新赤卫队党代表贺敏学带人从小井红军修械所将一门修好的迫击炮抬到了山上。营长陈毅安亲自发炮,他一共向山下发射了三枚炮弹。前两枚由于受潮没有爆炸,而第三枚炮弹则正巧落在了敌人的指挥部。这时敌军以为毛泽东率领的红军主力已经回到了井冈山,顿时心慌意乱。敌军在第二天夜间乘着大雾向酃县退却,黄洋界保卫战就此取得了伟大的胜利。

黄洋界保卫战中,红军获得了根据地广大人民群众的有力支持配合,凭借着山险,取得了一次以少胜多的战果,这是战争史上的一次奇迹。这场战斗击退了敌人的进攻,从此打破了湘赣两省4个团敌军对井冈山革命根据地的第二次"会剿"。

9月上旬,在毛泽东、朱德率领红军主力返回井冈山根据地的途中,传来了战斗取得胜利的消息。黄洋界保卫战保存了井冈山革命根据地,使敌军胆寒而不敢轻视红军,为边界名战之一。毛泽东一时兴起,吟就了著名的《西江月·井冈山》:

> 山下旌旗在望,
> 山头鼓角相闻。
> 敌军围困万千重,
> 我自岿然不动。
> 早已森严壁垒,
> 更加众志成城。
> 黄洋界上炮声隆,
> 报道敌军宵遁。

结 语

80多年来,井冈山精神激励和鼓舞了亿万中国人民。全国人民在党的领导下进行了艰苦卓绝的革命斗争和气壮山河的社会主义建设,迎来了新中国的诞生和社会主义革命、建设和改革开放的一个个伟大胜利。中国共产党人始终把井冈山精神作为党的宝贵财富,中共领导人一再强调要继承和弘扬井冈山精神。

1965年5月,在阔别井冈山38年后,毛泽东重上井冈山,感慨万千地告诫我们:井冈山不愧是革命的山,战斗的山,没有井冈山过去艰苦卓绝的奋斗,就不会有今天革命的胜利。日子好过了,艰苦奋斗不要丢了,井冈山的革命精神不要丢了。

1972年11月,满怀对红土地深厚情谊的邓小平来到井冈山,语重心长地教导我们:井冈山精神是宝贵的,应当发扬。

结 语

2006年3月,时任浙江省委书记的习近平率浙江省党政代表团来到中国革命的摇篮井冈山,实地学习和感受井冈山精神。他说,到井冈山接受革命传统教育,深切地感受到当年革命的艰难,当年胜利的不易。这块红土地所具有的独特魅力令人神往。"坚定信念、艰苦奋斗,实事求是、敢闯新路,依靠群众、勇于胜利"的井冈山精神是我们党优良传统的集中体现和宝贵的精神财富。我们要继承和发扬党的优良传统,用井冈山精神激励全省广大干部群众,进一步推动"干在实处、走在前列"的各项工作。

2007年6月,时任上海市委书记的习近平在上海会见吉安市党政代表团时说,井冈山是红色摇篮,中国共产党人在井冈山点燃了中国革命的"星星之火",开辟了第一个农村革命根据地,建立了第一个县级工农兵苏维埃政权。

2008年10月,时任中共中央政治局常委、中央书记处书记、国家副主席的习近平在江西调研考察期间,专程到瑞金瞻仰了第一次、第二次全国苏维埃代表大会会址等革命旧址,到井冈山瞻仰了茨坪革命旧居旧址群并参观了井冈山革命博物馆。他饱含深情地说,无数革命先烈用鲜血和生命换来了江山,为我们创造美好生活奠定了坚实基础,他们留下的优良传统是永远激励我们前进的宝贵财富,任何时候都不能丢。

2016年2月,习近平再次来到井冈山,强调理论的发展必须与时俱进,学习井冈山红色历史,必须和治国理政新理念新思想新战略结合起来学,和"两个一百年""四个全面"战略布局、五大发展理念结合起来学。

在新的历史条件下,我们更加应该弘扬井冈山精神,形成全民族奋发向上的精神力量和团结和睦的精神纽带,不断开创中国特色社会主义伟大事业的新局面。

参考文献

[1]朱良才.井冈山上的故事[M].北京:人民文学出版社,1959.

[2]中共江西省宁冈县委宣传部.毛主席在井冈山的故事[M].北京:中国少年儿童出版社,1978.

[3]邓节芳.朱军长在井冈山的故事[M].南昌:江西人民出版社,1979.

[4]桂玉麟.井冈山革命斗争史[M].北京:解放军出版社,1986.

[5]井冈山革命根据地党史资料征集编研协作小组,井冈山革命博物馆.井冈山革命根据地:上、下册[M].北京:中共党史资料出版社,1987.

[6]中央档案馆.中共中央文件选集[M].北京:中共中央党校出版社,1987.

[7]余伯流,夏道汉.井冈山革命根据地研究[M].南昌:江西人民出版社,1987.

[8]毛泽东.毛泽东选集[M].北京:人民出版社,1991.

[9]刘孚威.井冈山精神——中国革命精神之源[M].南昌:江西人民出版社,1999.

[10]余伯流,凌步机.中央苏区史[M].南昌:江西人民出版社,2001.

[11]中共中央文献研究室.毛泽东年谱(1893—1949)[M].北京:中央文献出版社,2002.

[12]余伯流,陈钢.毛泽东与井冈山[M].南昌:江西人民出版社,2003.

[13]漆权.弘扬井冈山精神[M].南昌:百花洲文艺出版社,2003.

[14]李忠,肖子华.井冈山革命根据地政权建设史[M].南昌:江西人民出版社,2007.

[15]肖云岭,陈钢.井冈山革命根据地文化建设史[M].南昌:江西人民出版社,2007.

[16]余伯流,陈钢.井冈山革命根据地全史[M].南昌:江西人民出版社,2007.

[17]张泰城.井冈山的红色传说[M].南昌:江西人民出版社,2007.

[18]张泰城,刘家桂.井冈山革命根据地经济建设史[M].南昌:江西人民出版社,2007.

[19]罗学渭,肖长春.井冈山革命根据地党的建设史[M].南昌:江西人民出版社,2007.

[20]谭震林,罗荣桓,等.亲历井冈山革命根据地创建[M].南昌:江

西人民出版社,2007.

[21]中共中央党史研究室.中国共产党历史:第一卷[M].北京:中共党史出版社,2011.

[22]中共中央党史研究室.中国共产党历史:第二卷[M].北京:中共党史出版社,2011.

[23]朱林.应从多种角度挖掘井冈山精神内涵[J].江西社会科学,1996(7).

[24]林元才.新时期仍需弘扬井冈山精神[J].新长征,2006(1).

[25]孟建柱.马克思主义中国化的伟大开篇——纪念井冈山革命根据地创建80周年[J].求是,2007(14).

[26]余伯流.井冈山道路是马克思主义中国化的伟大开篇[J].中国井冈山干部学院学报,2008(1).

[27]黄少群,赖宏.毛泽东"农村包围城市"理论和实践述论[J].中国井冈山干部学院学报,2008(1).

[28]石仲泉.伟大的开篇——从南昌起义到井冈山革命根据地的创建[J].中国井冈山干部学院学报,2018(3).

[29]李忠,涂微微.毛泽东、邓小平、江泽民、胡锦涛谈弘扬井冈山精神[J].井冈山学院学报,2008(4).

[30]余伯流.胡锦涛三论井冈山精神[J].江西社会科学,2009(7).

[31]陈军莲.井冈山精神的历史地位及其当代价值[J].党史文苑,2009(16).

[32]余伯流.井冈山精神再解读[J].中国井冈山干部学院学报,2010(1).

[33]熊华源.毛泽东、朱德共同创建井冈山革命根据地的历史贡献

[J].湖南科技大学学报(社会科学版),2010(6).

[34]陈钢.井冈山时期毛泽东对创建人民军队的杰出贡献[J].井冈山大学学报(社会科学版),2011(1).

[35]王旭宽.毛泽东在井冈山斗争时期的领导方略[J].中国井冈山干部学院学报,2011(4).

[36]谢燕青.井冈山精神及其当代价值[J].实践(思想理论版),2011(8).

[37]弘扬崇高革命精神和优良革命传统沿着中国特色社会主义道路奋勇前进[N].人民日报,2007-07-27.

后 记

2016年2月3日,习近平总书记在井冈山上动情地说:"井冈山时期留给我们最为宝贵的财富,就是跨越时空的井冈山精神。"他同时号召:"我们要结合新的时代条件,坚持坚定执着追理想、实事求是闯新路、艰苦奋斗攻难关、依靠群众求胜利,让井冈山精神放射出新的时代光芒。"

本书以史实为线索,以思想为坐标来解读"井冈山精神":坚定信念、艰苦奋斗是井冈山精神的首要方面,是井冈山精神的灵魂和本质;实事求是、敢闯新路是井冈山精神的核心和灵魂;依靠群众、勇于胜利是井冈山精神的基石。本书运用翔实的历史材料与多角度的历史分析,力图展现井冈山精神在中国特色社会主义新时代的时代光芒。

本书由何虎生所著,参加本书书稿资料收集、文字校对工作的有曲政、于永卿、肖军政、胡竞方、赵文心、秦志远、汪文慧、黄菊、杜贝慧、雷引杰、张林、周子衿、何拜亮格、张曼特、吕晓莹、胡明路、郭澳、傅子恺、宋萍萍、薛思齐、王丹怡等,在此一并表示感谢。

编 者

2020 年 12 月